Kloster Zinna

Oliver H. Schmidt

Kloster Zinna und der Orden der Zisterzienser

Begleitbuch zur Dauerausstellung des Museums Kloster Zinna

Lukas Verlag

Ausstellung und Begleitband entstanden mit freundlicher Unterstützung durch das Ministerium für Wissenschaft, Forschung und Kultur des Landes Brandenburg und der ostdeutschen Sparkassenstiftung im Land Brandenburg gemeinsam mit der Kreissparkasse Teltow-Fläming.

Museum Kloster Zinna
Am Kloster 6
14913 Jüterbog / OT Kloster Zinna
Tel. / Fax 03372–43 95 05

Öffnungszeiten:
Dienstag – Sonntag 10–17 Uhr

Die Deutsche Bibliothek – CIP-Einheitsaufnahme

Kloster Zinna und der Orden der Zisterzienser : Begleitbuch zur Dauerausstellung des Museums Kloster Zinna / Oliver H. Schmidt. – Erstausg., 1. Aufl.. – Berlin : Lukas-Verl., 2001
    ISBN 3-931836-10-X

© by Lukas Verlag
Erstausgabe, 1. Auflage 2001
Alle Rechte vorbehalten

Lukas Verlag für Kunst- und Geistesgeschichte
Kollwitzstr. 57
D-10405 Berlin
http://www.lukasverlag.com

Umschlag und Satz: Verlag
Belichtung und Druck: Elbe Druckerei Wittenberg
Bindung: Lüderitz & Bauer; Berlin

Printed in Germany
ISBN 3-931836-10-X

Bildnachweis
Alle nicht bezeichneten Bilder entstammen dem Archiv des Museums Kloster Zinna.
Archiv Altenberger Dom Verein, Bergisch Gladbach: 17 m
Archiv Lukas Verlag, Berlin: 49 m, 49 u
Brandenburgisches Landesarchiv für Denkmalpflege, Wünsdorf:
    35 ol, 35 or, 35 m, 36, 37 o, 37 u, 38 ol, 38 or, 38 ur, 39, 40, 41, 43 ul, 45 o, 47, 59, 60
Geheimes Staatsarchiv PK, Berlin: 69, 71
Germanisches Nationalmuseum, Nürnberg: 20 u, 22 l, 23 o, 31, 50, 54
Markus Hilbich, Berlin: 35 u
Terryl N. Kinder, Pontigny: 13 o, 17 o
Landesbildstelle Baden, Karlsruhe: 7 o, 17 u, 19 o, 21 u, 23 u, 24, 25
Peter Oehlmann, Berlin: 19 u, 20 o, 33, 45 u, 55 u, 66 r, 70 m, 70 u
Stephan Warnatsch, Berlin: 42 o

Inhalt

Vorrede	6
Von der Faszination des Mittelalters	8
Christliches Mönchtum	9
Benedikt von Nursia	9
Reformen des Mönchtums vor 1100	10
Europa im Jahr 1098	12
Die ersten Äbte von Cîteaux	13
Bernhard von Clairvaux	14
Grundlagen des zisterziensischen Lebens	16
Die Anziehungskraft der Zisterzienser	17
Die Verbreitung des Ordens	18
Zisterzienserinnen	19
Abt und Konvent	20
Novize – Novizin	21
Ämter und Organisation des Konvents	22
Konversen	25
Der zisterziensische Tagesablauf	26
Architektur der Zisterzienser*	29
Die Klosterkirche Zinna*	32
Die Zinnaer Klosteranlage*	39
Die Deutsche Ostsiedlung	48
Die Zisterzienser östlich von Saale und Elbe	48
Das Land Jüterbog und Erzbischof Wichmann	49
Wichmann gründet Kloster Zinna	50
Ein schwieriger Beginn	52
Der Besitzerwerb auf dem Barnim	52
Landwirtschaft und Besitzentwicklung	52
Das Handelszentrum Kloster	54
Die Wallfahrtskapelle auf dem Golm	55
Zinna und der Orden	56
Die Fresken in der Abtskapelle	56
Die Malereien im Obergeschoßsaal	59
Der Zinnaer Marienpsalter	61
Marienverehrung – das Titelblatt des Marienpsalters	62
Weitere Kunstzweige	64
Äußere Krisen und innerer Verfall	65
Reformation – Auflösung	65
Nachreformatorische Gebäudenutzungen	67
Der unglückliche Markgraf Christian Wilhelm	67
Der »Zinnaer Münzfuß« von 1667	68
Preußisches Domänenamt	68
Friedrich der Große	70
Die Gründung der Weberstadt	71
Handwerkerleben und Kriegsfolgen	72
Weberschicksal	72
Die Klostergebäude im 19. und 20. Jahrhundert	73
Ein einmaliger Ort	74
Empfehlenswerte Literatur	75

* Beitrag von Marcus Cante

Unsere Lebensart ist ein Leben der Demut, des Verzichts
und der freiwilligen Armut, des Gehorsams und der Freude
im Heiligen Geiste.
Unsere Lebensart bedeutet Unterwerfung unter einen Lehrer,
einen Abt, eine Regel, eine Disziplin.
Unsere Lebensart heißt, sich üben im Schweigen und Fasten,
im Wachen und Beten, in körperlicher Arbeit.
Vor allem aber sollen wir dem erhabenen Weg der Liebe folgen.

Bernhard von Clairvaux über das Leben der Zisterzienser

Vorrede

Im Jahr 1998 jährte sich die Gründung des »Neuen Klosters« im burgundischen Cîteaux, das die Mutter des Zisterzienserordens werden sollte, zum 900. Mal. Aus diesem Anlaß ist die Dauerausstellung des Museums in der Abtei des Klosters Zinna neu gestaltet worden.

Die Ausstellung soll die Geschichte des Klosters Zinna nicht isoliert darstellen, sondern es einordnen in größere historische Zusammenhänge. Da ist zum ersten der zisterziensische Ordensverband, der binnen kurzem ganz Europa mit Klöstern überzog und dessen Wirken gerade die Landschaft Brandenburgs bis heute sichtbar prägt. Zum zweiten steht die Gründung von Kloster Zinna mit der häufig allgemein als deutsche Ostsiedlung bezeichneten hochmittelalterlichen Kolonisationsbewegung in Zusammenhang, die den Raum zwischen Elbe und Oder im 12. und 13. Jahrhundert christianisierte und in feste Verbindung zum Deutschen Reich brachte. Und schließlich spiegeln sich an dieser Stelle viele Ereignisse wider, die das Leben der Menschen verändern sollten: die Reformation, die im benachbarten Jüterbog einen entscheidenden Anstoß durch den Ablaßhandel des Dominikaners Johann Tetzel erhielt; der Dreißigjährige Krieg, dessen Folge eine Grenze unmittelbar an der Klosterstelle war, die jahrhundertealte Verbindungen unterbrach; der Siebenjährige Krieg, den Friedrich der Große in Kloster Zinna begann, als er seine Truppen über die Nuthebrücke ins sächsische Jüterbog marschieren ließ, und in dessen Folge er eine Stadt an der Klosterstelle gründete, deren Entwicklung jedoch nicht so erfolgreich verlief, wie der König es sich erhofft hatte.

Zunächst war es die Idee dieses Bandes, die Texte der Ausstellung als Katalog zugänglich zu machen. Dies erwies sich schnell als ungenügend. Die knappen Formulierungen von Ausstellungstafeln entsprechen nicht den Lesegewohnheiten in Büchern. Viele Details und Erläuterungen, aber auch Abbildungen, die auf den Tafeln wegen Platzmangels nicht berücksichtigt werden konnten, sollten noch untergebracht werden, ergänzende Kapitel wurden hinzugefügt. So entstand schließlich ein Buch, das zwar keineswegs den Anspruch erhebt, ein erschöpfendes Geschichtswerk zu Kloster Zinna zu sein, das aber dennoch viel Geschichte enthält und viele Geschichten erzählt. Vor allem jedoch will es Besuchern der Anlage ein zuverlässiger Begleiter und eine Anleitung zum Sehen und Verstehen sein.

Zu besonderem Dank verpflichtet bin ich Herrn Dr. Peter Joerißen vom Rheinischen Museumsamt in Brauweiler, der dem Museum die Tafeln der 1980 in Aachen stattgefundenen Ausstellung »Die Zisterzienser – Ordensleben zwischen Ideal und Wirklichkeit« zur Verfügung gestellt und die freundliche Genehmigung zur Verwendung von damals erarbeiteten Texten auch in dieser Publikation gegeben hat.

Gleicher Dank gebührt Herrn Dr. Peter Pfister, stellvertretender Archivdirektor des Archivs des Erzbistums München und Freising, der nicht nur die Genehmigung zur Verwendung von Texten gab, die er für die anläßlich des 900. Geburtstages Bernhards im

Bild S. 6: Die drei Pfeiler zisterziensischen Lebens: Gottesdienst, Handarbeit und geistliche Lesung. Buchillustration eines Franziskaners, zweite Hälfte des 13. Jahrhunderts

Kreuzgang der Abtei Fontenay, Frankreich

Jahr 1990 gezeigte Ausstellung »Bernhard von Clairvaux und Bayerns Zisterzienser« verfaßt hatte, sondern sogar überarbeitete Versionen beibrachte.

Das Kapitel über den Tageslauf der Mönche beruht im wesentlichen auf den präzisen Ausführungen von Matthias Untermann in seiner gemeinsam mit Günter Binding verfaßten Kleinen Kunstgeschichte der mittelalterlichen Ordensbaukunst in Deutschland, die für weitergehende Lektüre eingehend empfohlen sei. Marcus Cante vom Brandenburgischen Landesdenkmalamt gebührt herzlicher Dank für seine kollegiale Unterstützung bei der Bildauswahl und mehr noch für die kurzfristig beigebrachten Texte zur Zinnaer Architektur!

Weiterer Dank gebührt jenen Personen und Institutionen, die in Gesprächen oder Schriftwechseln sowie durch Bildmaterial das Gelingen der Ausstellung und des Bandes ermöglichten: Annette Zurstraßen vom Altenberger Dom-Verein, Terryl N. Kinder (Pontigny), Friederike Warnatsch-Gleich und Stephan Warnatsch (Berlin), denen ich neben materieller Unterstützung für viele anregende Stunden und Ideen zu danken habe, Ute Reisner von der Badischen Landesbildstelle (Karlsruhe), dem Preußischen Geheimen Staatsarchiv (Berlin), dem Germanischen Nationalmuseum (Nürnberg), Dirk Schumann (Berlin) und nicht zuletzt Frank Böttcher vom Lukas Verlag, der sich nicht nur als geduldiger Verleger, sondern immer auch als Freund erwies.

Das Ministerium für Wissenschaft, Forschung und Kultur des Landes Brandenburg hat die Arbeiten über einen Zeitraum von drei Jahren begleitet und unterstützt. Mein besonderer Dank gilt an dieser Stelle Herrn Dr. Koch und Herrn Neumann im Referat Museen sowie Herrn Dr. Dorgerloh und Herrn Roland.

Die Umsetzung der Ideen wäre nicht möglich gewesen ohne großzügige Zuwendungen von der Kreissparkasse Teltow-Fläming und der ostdeutschen Sparkassenstiftung.

Schließlich gebührt der Dank dem damaligen Bürgermeister von Kloster Zinna, Frank Letz, ohne den all das nicht passiert wäre, und den Mitarbeiterinnen im Museum, deren Zuverlässigkeit das Haus zu dem gemacht hat, was es heute ist.

Jüterbog, im März 2001   *Oliver H. Schmidt*

Von der Faszination des Mittelalters

Der heutige Mensch, zumal in Nordostdeutschland, begegnet Mönchen üblicherweise nicht in Klöstern, sondern im Supermarkt. Ob Bier, Käse, Marmelade, alles scheint sich besser zu verkaufen, wenn ein oder zwei zufrieden lächelnde Mönchsgestalten von durchaus massiger Gestalt dem Kunden bedeuten, daß dieses Produkt auch von ihnen geschätzt wird. Dieser Trend ist nicht neu: Bereits die Genremalerei des letzten Jahrhunderts hat zechende Mönche in wuchtigen Kellergewölben zu einem Standardthema erhoben. Dieses Bild hat mit der Realität klösterlichen Lebens, zumal im Mittelalter, ungefähr soviel zu tun wie Donald Duck mit dem Leben der Ente.

Solche Vorstellungen sind selten der Boshaftigkeit ihrer Urheber geschuldet, vielmehr sind sie einzuordnen in unser Bild vom Mittelalter als dem mythischen Zeitalter, in dem Ritter um edle Jungfrauen buhlten, es noch Straßenräuberei gab und die Menschen Kometen für die Vorzeichen kommenden Unglücks hielten. Das Leben damals erscheint aus heutiger Sicht weniger komplex als das unsere. Helden waren noch Helden, Gut und Böse, Bauern und Herren klar geschieden. Eine merkwürdige Faszination geht von dieser Zeit aus, auch wenn wir häufig das Gefühl haben, die damaligen Menschen nicht verstehen zu können.

Unser Bild vom Mittelalter ist durch Märchen und Sagen weit mehr geprägt als durch Arbeiten von Historikern. Dies ist beileibe kein deutsches Problem, das man mit einem »die deutschen Wissenschaftler können eben nicht interessant schreiben« abtun könnte. Der erfolgreichste Mediävist unseres Jahrhunderts ist wohl J. R. R. Tolkien als Autor der Fantasy-Romane »Der kleine Hobbit« und »Der Herr der Ringe«, die die Legenden des Mittelalters spiegeln. Seine ernsthaften Übersetzungen mittelenglischer Texte und seine sprachgeschichtlichen Arbeiten werden demgegenüber von gewiß 99,9% seiner Leser nicht zur Kenntnis genommen. Das wiederholt sich natürlich in anderen Medien. Ob im Comic über Prinz Eisenherz, ob im Film über König Artus und seine Tafelrunde, stets gewinnt der Mythos die Oberhand über unser Tatsachenwissen. Auch die seit Anfang der 1970er Jahre insbesondere im Kino einsetzende Gegenbewegung, die nunmehr die im wahrsten Sinne des Wortes »schmutzigen« Seiten des Mittelalters betont und sich in einer breiten Palette von Filmen – von Monty Pythons »Ritter der Kokosnuß« und »Jabberwocky« bis hin zu Mel Gibsons »Braveheart« oder Kenneth Branaghs Shakespeare-Adaption »Henry V.« – ausdrückt, scheint wiederum nicht geeignet, der Realität näher zu kommen. Allen diesen Ansätzen ist jedoch der laut und aggressiv formulierte Anspruch gemein, historische Realitäten abbilden zu wollen.

Die Verklärung dieser Epoche ist ein gesamteuropäisches Phänomen, dessen Wurzeln weit in der Vergangenheit liegen: Bereits die Menschen des Mittelalters selbst haben falsche Fährten gelegt. Ihre Gesellschaft, in der Lesen und Schreiben Herrschaftswissen war, hat wenig schriftliche Spuren hinterlassen. Rechnungsbücher von Kaufleuten, die uns Aufschluß über ihr Tun geben können, oder historische Chroniken aus klösterlichem Umfeld zählen zu den Seltenheiten. Statt dessen wird die ritterliche Gesellschaft des Mittelalters in höfischen Romanepen verklärt, und auch die Gemälde jener Zeit bilden oftmals nicht die Realität, sondern das angestrebte Ideal ab. Wo aber beginnt die Verklärung, der Mythos, und wo endet die Wahrheit? Diese Entscheidung ist oft nicht mit Sicherheit zu treffen. Sie ist die Gegenstand und Grundlage heutiger Forschung. Und selbst wenn wir schriftliche Überlieferungen besitzen: Mittelalterliche Urkunden strotzen häufig von unwahren Behauptungen, um althergebrachte Rechte bewahren oder neue gewinnen zu können. Die Dichte der Quellen aber ist oft spärlich. Im Falle Kloster Zinnas gibt es mehrere Phasen, in denen wir über dreißig oder vierzig Jahre keinen einzigen Beleg für die Existenz des Klosters besitzen – und doch muß es da gewesen sein, wie die Bauten uns belegen, und es lebten Menschen dort, und es fanden täglich acht Gottesdienste statt.

Christliches Mönchtum

Die mönchische Lebensform entstand im 3. und 4. Jahrhundert im östlichen Mittelmeerraum. Ihre Ziele sind seither gleichgeblieben: restlose Hinwendung zu Gott, Rückzug aus der Welt mit ihren Verlockungen, Gehorsam, Keuschheit und Armut. Mönchsein bedeutet, sein Leben ganz der Nachfolge Christi zu widmen.

Die ersten christlichen Mönche lebten allein (griech. *monachos* = alleinlebend). In den Wüsten Ägyptens führten seit dem 3. Jahrhundert Eremiten (griechisch für Wüstenbewohner) ein Leben der Einsamkeit und Mühsal. Ihr großes Vorbild war der als Einsiedler lebende heilige Antonius (um 270–356).

Das gemeinschaftliche Leben der Mönche in einem Kloster (lat. *claustrum* Käfig, Gewahrsam) unter einem Vorsteher und nach festen Regeln entwickelte sich im 4. Jahrhundert. Die Heiligen Pachomius (um 323) und Basilius († 357) bestimmten die Normen dieser Lebensform. Die Mönche der orthodoxen Kirchen Osteuropas lebten und leben fast alle nach der Basilius-Regel.

Benedikt von Nursia

Benedikt von Nursia (um 480 – 547) gilt als der »Vater des abendländischen Mönchtums«. Im Kloster Monte Cassino (zwischen Rom und Neapel), das Benedikt um 529 gründete, legte er die Vorschriften fest, die das Leben der Mönche regelten. Die Grundgedanken entnahm er der Bibel, Werken der Kirchenväter sowie älteren Mönchsregeln. In 73 Kapiteln beschreibt die Benediktregel den Aufbau und das Leben einer monastischen Gemeinschaft. Seine Gedanken wurden Grundlage für die Gebäudeanordnung der Klöster. Der Klosterplan von St. Gallen (um 830) ist eine fast ideale Umsetzung der Anforderungen, die sich aus der Regel ergaben (vgl. folgende Seite).

Benedikt von Nursia. Glasfenster in der Klosterkirche von Zinna, 1. Viertel des 16. Jahrhunderts

Die Regel fordert vom Mönch Gehorsam gegenüber dem Abt, Armut, Keuschheit und verbietet ihm, sein Kloster zu verlassen. Durch Schweigsamkeit, Disziplin und Demut wird die Vollkommenheit erreicht. Übertriebene Askese wird zugunsten der ausgewogenen Verbindung von Gebet, körperlicher Arbeit, Entsagung, Gehorsam und brüderlicher Liebe abgelehnt. Als Grundsatz gilt: *ora et labora* – bete und arbeite! Was die Klostergemeinschaft zum Leben braucht, soll sie innerhalb der Klostermauern finden: »So brauchen die Mönche nicht draußen herumlaufen, was ihren Seelen ja durchaus nicht zuträglich wäre«.

links: Einsiedler, vom Teufel der Versuchung verfolgt (Veit Stoß)

rechts: Der als Einsiedler lebende heilige Antonius erhält Besuch vom heiligen Paulus. Der Antonius versorgende Rabe bringt Brot für beide. (Albrecht Dürer)

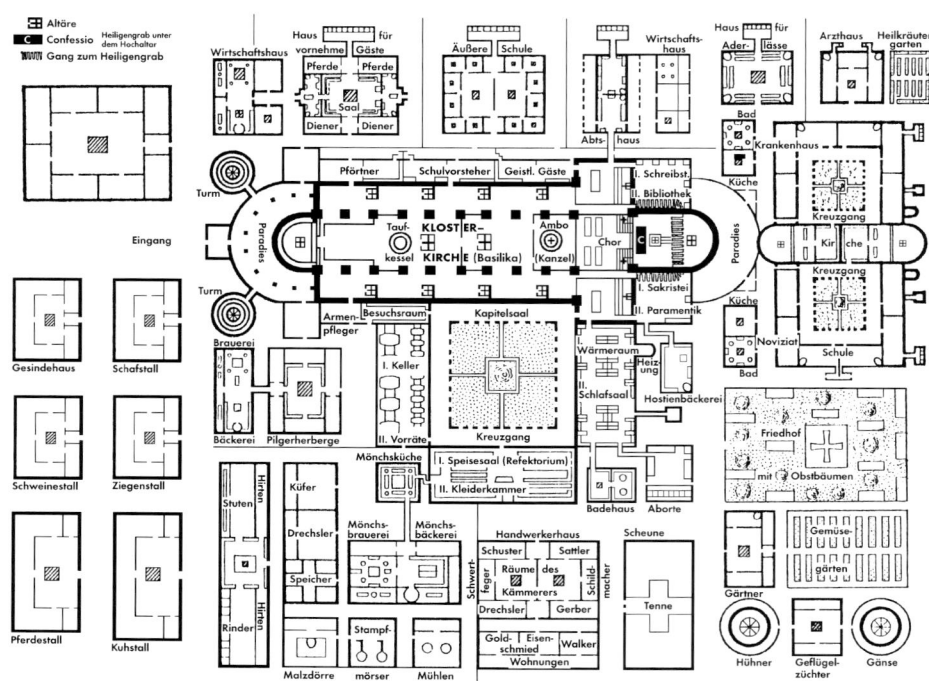

Klosterplan von St. Gallen (Schema)

Papst Gregor der Große (540–604) empfahl die Regel des hl. Benedikt, da sie sich durch »weise Mäßigung und verständliche Darstellung« auszeichne. Unter Kaiser Karl dem Großen (768–814) wurde die Benediktregel im Jahr 802 für alle Klöster im karolingischen Reich als verbindlich erklärt.

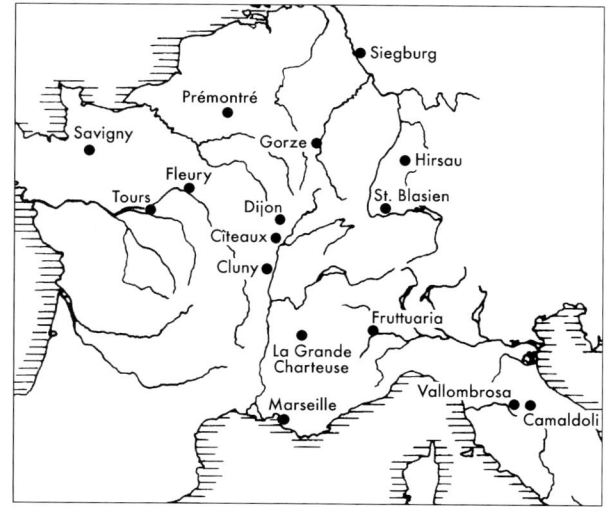

Reformklöster im Europa des 11. Jahrhunderts

Reformen des Mönchtums vor 1100

Seit dem 10. Jahrhundert mehrten sich Bestrebungen, das benediktinische Mönchtum, das an vielen Stellen in eine Krise geraten war, zu reformieren. Klöster schlossen sich zusammen oder wurden neu gegründet, um sich auf die ursprünglichen Formen und Regeln zu besinnen und Mißständen entgegenzuwirken. Das burgundische Kloster Cluny war seit seiner Gründung im Jahr 910 zu einem Zentrum der Reformbewegung geworden. Es stand an der Spitze eines Großverbandes von Hunderten von Mönchsgemeinschaften, die ihre Selbständigkeit aufgegeben hatten und den Großabt von Cluny als Oberhaupt anerkannten. Mit dem Wachstum von Cluny waren jedoch Machtstreben, Reichtum und weltlicher Einfluß gekommen. Eine Reform der Reform wurde notwendig.

Um die Jahrtausendwende begann man sich außerhalb von Burgund auf die Anfänge des Mönchtums zu besinnen. Erneut wurden der Rückzug aus der Welt, Armut, Entbehrung und Handarbeit, aber auch der politische Einsatz für eine Kirchenreform gefordert.

Der Mönch Romuald (um 952–1027) verließ sein Kloster in Ravenna und gründete in Camaldoli bei Florenz eine neue Ordensgemeinschaft, die Kamaldulenser, deren Vorbild die frühen eremititschen Gemeinschaften waren. Auch in West- und Mitteleuropa, im Kernland der hochmittelalterlichen Christenheit, waren diese Strömungen erfolgreich. Auf Bruno von Köln (um 1030–1101) wirkte die Bischofsstadt Reims wie ein Babylon, das man verlassen mußte. Sein Vorbild wurden ebenfalls die »Höhlen in der Wüste«. Er zog sich in das französische Voralpenland zurück, errichtete dort das Kloster La Grande Chartreuse und legte den Grund für den Kartäuserorden.

Besonders in Frankreich entfernte man sich von den traditionellen Formen des Ordenslebens. Männer wie Stephan von Muret (um 1045–1124), Robert von Arbrissel (um 1055–1117), Bernhard von Tiron (um 1046–1117) und Vitalis von Savigny (um 1060–1122) zogen nach anfänglicher Zurückgezogenheit als Wanderprediger durch die Orte. Im rauhen Gewand aus ungefärbter Wolle, ohne Schuhe und Kopfbedeckung forderten sie nicht nur die Bekehrung des Einzelnen, sondern übten heftige Kritik an der

Kirche und ihren Priestern und Mönchen. Sie warfen ihnen vor, sich weit von dem Vorbild Christi und seiner Apostel entfernt zu haben. Frauen und Männer, Adlige, Bauern und Handwerker folgten ihnen und brachen mit ihrem bisherigen Leben. Die Radikalität ihrer Forderungen wirkte auf viele ihrer Zeitgenossen ketzerisch, auf andere aber anregend.

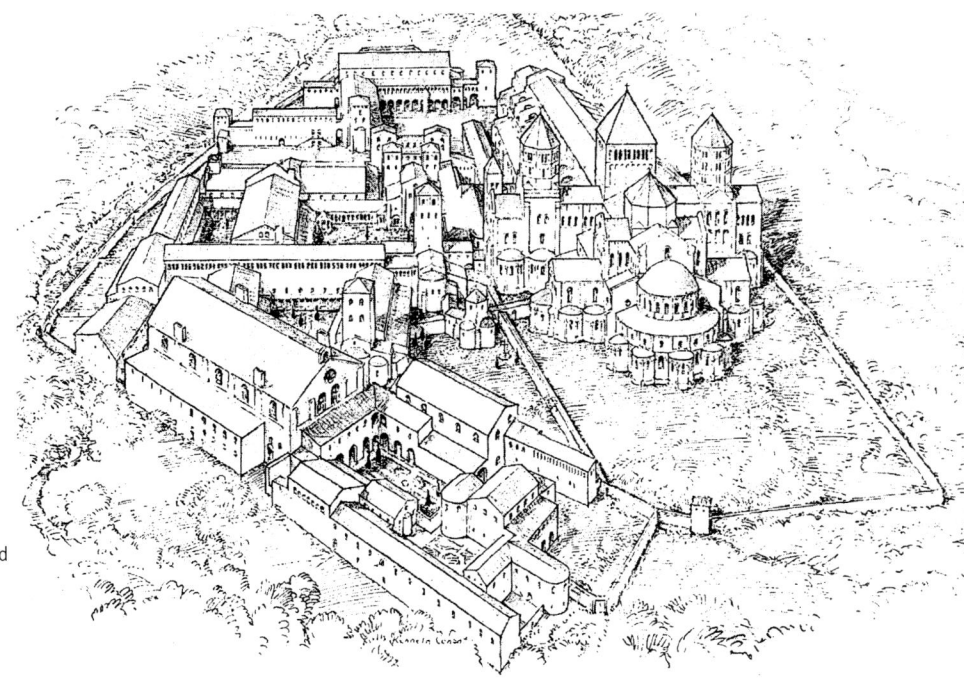

oben: Klosterkirche von Cluny, Ansicht vor der Zerstörung während der Französischen Revolution

unten: Rekonstruktion des Klosters Cluny nach der Fertigstellung der III. Bauphase

Europa im Jahr 1098

Die Gründung des Zisterzienserordens geschah in der Zeit einer tiefen Krise Europas.

Die nominelle Einheit der Christenheit war 1054 zerbrochen. Während der überwiegende Teil West- und Mitteleuropas der römisch-katholischen Kirche anhing, war in Ost- und Südosteuropa die griechisch-orthodoxe Kirche unter dem Patriarchen und dem Kaiser von Konstantinopel führend.

Im Mittelmeerraum gab es schon seit 300 Jahren Zusammenstöße mit dem Islam. Weite Teile der Iberischen Halbinsel waren Teil des ganz Nordafrika umfassenden Reiches der Almoraviden. 1063 begannen die christlichen Königreiche von Aragon, Kastilien und Leon die Rückeroberung (Reconquista), die bis 1492 dauern sollte. – Normannen hatten zwischen 1061 und 1091 nicht nur das sarazenische Sizilien erobert, sondern auch das christliche byzantinische Festland Süditaliens. England war bereits seit 1066 ein normannisches Königreich.

1073 brach ein lange schwelender Machtkampf zwischen Papsttum und römisch-deutschem Kaisertum offen aus, der unter dem Namen Investiturstreit in die Geschichte eingehen sollte. Die Kirche erstritt sich größere Unabhängigkeit, die Stellung des Papstes war schließlich machtvoller denn je zuvor.

Doch die größte Veränderung ging vom Osten aus: Turkvölker bedrohten das byzantinische Kaiserreich. Byzanz wandte sich um Hilfe an die christlichen Glaubensbrüder im Westen. Was als Bitte um Unterstützung begann, wurde durch eine öffentliche Rede des Papstes Urban II. in Clermont am 27. November 1095 zu einer Massenbewegung: Er rief die Völker Europas auf, die Waffen zu ergreifen und das seit dem Jahr 638 islamische Jerusalem für die Christenheit zurückzuerobern. Der Erste Kreuzzug war geboren, der 1099 zur Eroberung Jerusalems führen sollte.

Das Jahr 1098 stand in Europa ganz im Zeichen des religiösen Erwachens. Unter dem zunehmenden Druck weltlicher Kräfte entschlossen sich Mönche, neue Wege der Reform zu gehen. Einige gründeten in Frankreich einen Orden, der unter dem Namen Zisterzienser Berühmtheit erlangen sollte.

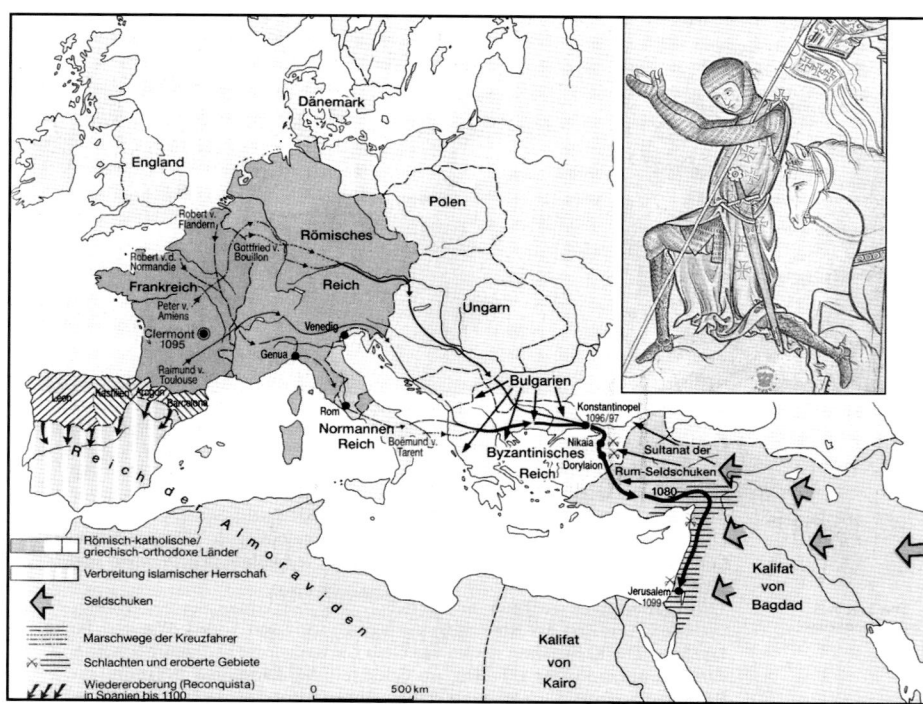

Kirchen und Kreuzzüge in Europa um 1100

Die ersten Äbte von Cîteaux

1098 bezog eine Schar von zwanzig Brüdern einen Ort, der ihnen vom Herzog von Burgund und dem Vizegrafen von Beaune in der Diözese Chalons-sur-Saône zur Verfügung gestellt worden war. Entgegen der bisherigen Siedlungsgewohnheit mitteleuropäischer Klöster lag er in der unwirtlichsten Landschaft, die der mittelalterliche Mensch kannte: im Sumpf. Hier, wohin zu kommen die Angst vor Krankheiten viele Menschen abhalten würde, hofften die Brüder Ruhe und Weltabgeschiedenheit zu finden. Sie wollten die Benediktregel wieder buchstabengetreu leben.

Der Ort trug, vielleicht nach einem alten Meilenstein der Römerstraße zwischen Langres und Chalons (Cis tercium lapidem miliarium), den Namen Cistercium (franz.: Cîteaux) und wurde der Namensgeber des Klosters und bald eines neuen Ordens – der Zisterzienser.

Abt Robert, Prior Alberich und der Mönch Stephan Harding sind aus jener Schar namentlich überliefert. Sie hatten das Benediktinerkloster Molesme verlassen, um der unruhigen Welt zu entfliehen und ihre Vorstellungen vom strengen und regeltreuen Leben in der Einsamkeit ungestört zu verwirklichen. Doch trotz der Förderung durch den Adel der Umgebung und den bischöflichen Schutz waren die Anfangsjahre sehr mühselig.

Bereits 1099 wurde Abt Robert vom Papst nach Molesme zurückbeordert: In dem novum monasterium (Neuen Kloster), wie Cîteaux zunächst absichtsvoll benannt wurde, blieben nur acht Mönche zurück, um das Werk fortzuführen.

Alberich wurde Roberts Nachfolger in Cîteaux. Er widmete sich dem inneren Aufbau. Erst unter dem dritten Abt Stephan Harding begann die Blüte des Ordens. Er schuf die Grundlage für den Ausbau des Reformwerks: die Charta caritatis (Gesetz der Liebe). Sie wurde zur Verfassung des neuen Ordens und 1119 von Papst Calixt II. bestätigt.

Wir können heute nur erahnen, unter welchen Bedingungen die Gemeinschaft damals lebte. Jedoch entstanden einige hervorragend ausgeschmückte Handschriften. Die Bilder zeigen unter anderem auch Mönche beim Baumfällen. Offenbar war diese Arbeit

Die Ostansicht der Klosterkirche von Fontenay zeigt bis heute die schlichte Schönheit zisterziensischer Bauten aus der Frühzeit des Ordens

links: Fontenay, Innenraum der Klosterkirche von Westen
rechts: Mönch beim Baumfällen

den Gründern von Cîteaux nicht fremd. Die aus der Wahl des Ortes notwendig erwachsene Arbeitsmoral und technische Fertigkeit begründete den Mythos von den Zisterziensern als »Orden der Kolonisation«. Er wird dadurch gerechtfertigt, daß der Orden durch seine europaweite Verbreitung technische Innovation in kürzester Zeit in jeden Winkel des Kontinents transferieren konnten.

Bernhard von Clairvaux

Bernhard von Clairvaux (um 1090–1153) ist die zentrale Gestalt des Zisterzienserordens. Seine Persönlichkeit überstrahlte die der Ordensgründer. Der kometenhafte Aufstieg des Ordens während des 12. Jahrhunderts war zu weiten Teilen sein Verdienst.

Bernhards asketische Neigungen beeinflußten die strengen Ordensvorschriften. Seine Frömmigkeit und Mystik fanden nicht nur im Orden Nachfolger, sondern wurden zu einer der Grundlagen der späteren abendländischen Mystik. Die dichterische Kraft seiner Predigten und Schriften trug ihm im Spätmittelalter die Bezeichnung doctor mellifluus (honigfließender Lehrer) ein.

Bernhard war immer nur Abt von Clairvaux, doch auf sein Wort hörten Päpste und Könige. Seine Meinung gab den Ausschlag in kirchenpolitischen Fragen von höchster Wichtigkeit. Als der wohl einflußreichste Schriftsteller seiner Zeit gab er dem Christentum bedeutende neue Impulse. Das zweite Viertel des 12. Jahrhunderts wird nach ihm das »Bernhardinische Zeitalter« genannt.

Schon zu Lebzeiten stand der Abt von Clairvaux im Rufe der Heiligkeit. 1174 wurde er offiziell heiliggesprochen und zum Patron seines Ordens erhoben.

Bernhard wurde um 1090 auf der Burg Fontaines bei Dijon (Burgund) als drittes Kind von sechs Geschwistern geboren. Unter dem frommen Einfluß seiner Mutter erhielt er eine sorgfältige Erziehung und besuchte später eine Schule in Châtillon-sur-Seine. Sein vorgezeichneter Weg war es, das Waffenhandwerk zu erlernen und Ritter zu werden. Auf dem Weg zur Belagerung der Burg Grancey jedoch beschloß er, »Mönch werde ich sein, gewiß will ich Gott dienen«. Seinem Entschluß schlossen sich 1112 alle seine erwachsenen Geschwister, zahlreiche Freunde und Verwandte, insgesamt etwa 30 Gefährten, an.

Bereits 1115 wurde der 25jährige Bernhard von Abt Stephan von Cîteaux in ein nahegelegenes Tal in der Diözese Langres gesandt, um dort ein weiteres Kloster zu errichten. Es erhielt den Namen Clara Vallis, Clairvaux. Bernhard war dort Abt bis zu seinem Tod im Jahre 1153.

Die ersten 15 Jahre widmete er sich dem mühseligen Aufbau der neuen Niederlassung. Die freie

links: Bernhard predigt dem deutschen König Konrad den Kreuzzug. Glasmalerei aus dem Kreuzgang Altenbergs, 1. Viertel des 16. Jh.

rechts: Bernhard von Clairvaux. Glasfenster in der Klosterkirche von Zinna, 1. Viertel des 16. Jh.

folgende Seite, links: Der Mystiker. Der gekreuzigte Christus neigt sich zu Bernhard hinab. Buchmalerei aus Wonnental, 1. Viertel des 14. Jh.

folgende Seite, rechts: Bernhard unterweist junge Mönche. Englische Buchmalerei, 2. Viertel des 13. Jh.

gleichsam zum Schiedsrichter berufen und ergriff Partei für Innozenz II., der von den jüngeren Reformkreisen unter den Kardinälen gewählt worden war.

Sein unermüdlicher Einsatz für die Sache der Kirche machte ganz Europa auf Bernhard aufmerksam. Fünf Städte und Domkapitel trugen ihm zwischen 1133 und 1139 die Bischofswürde an: Genua und Mailand, Chalons, Langres und Reims. Bernhard lehnte alle diese Bitten ab. Er blieb, seinem Gelübde treu, Abt von Clairvaux.

Als mit Eugen III. 1145 ein Zisterziensermönch aus Clairvaux Papst wurde, schien der äußere Einfluß Bernhards seinen Höhepunkt zu erreichen.

1144 wurde das christliche Königreich Jerusalem von den Arabern ernsthaft bedroht. Papst Eugen III. plante einen neuen Kreuzzug, fand aber bei Königen und Fürsten keine Bereitschaft dafür. Daraufhin übertrug der Papst die Kreuzzugspredigt an Bernhard, der die Könige Frankreichs und des Deutschen Reiches überzeugen konnte, das Kreuz zu nehmen. Dieser zweite Kreuzzug jedoch geriet vor Damaskus zu einem katastrophalen Fehlschlag, und Bernhards Ansehen litt unter diesem Ergebnis.

Zeit nutzte er unermüdlich zum Schreiben von Traktaten und Briefen. Die Achtung seiner Zeitgenossen führte zu Schenkungen und Zuwendungen, die Klostereintritte nahmen zu. Äußeres Zeichen dieses Erfolgs war die schnelle Ausbreitung des Ordens zu Lebzeiten Bernhards. Während seiner fast 40jährigen Abtszeit hat Clairvaux mit 166 Tochter- und Enkelklöstern fast die Hälfte der bei seinem Tode überhaupt bestehenden Zisterzienserklöster gegründet.

Als Schriftsteller beschäftigte er sich schon bald mit dem Problem der Mönche, die sich von den Zisterziensern anderen Orden zuwandten. Er schrieb eine Abhandlung über »die Stufen der Demut und des Hochmuts«. 1124/25 griff er in den Kampf zwischen den Zisterziensern und den Cluniazensern um das richtige Verständnis der Regel Benedikts ein. Er kritisierte die reiche Speisekarte der cluniazensischen Klöster, die herrliche Architektur ihrer Kirchen und ihre kostbare Ausstattung mit Kunstwerken.

Durch die Doppelpapstwahl von 1130 kamen kirchenpolitische Aufgaben auf ihn zu. Bernhard wurde

Grundlagen des zisterziensischen Lebens

Die Zisterzienser lebten und leben nach der Benediktregel. Sie bestimmt die drei Grundpfeiler des täglichen Lebens:

Opus Dei – Gottesdienst,
Lectio Divina – Geistliche Lesung,
Labor Manuum – Handarbeit.

Von anderen Benediktinern unterscheiden sie sich durch die Ordensverfassung (Charta caritatis) mit dem Filiationsprinzip und die Gewohnheiten des Ordens (Consuetudines).

Die Charta caritatis regelte die Organisation des Klosterverbandes. Sie wurde 1114 durch Abt Stephan Harding von Cîteaux als Folge des zunehmenden Wachstums des Ordens erlassen und regelt das Abhängigkeitsverhältnis der einzelnen Abteien untereinander, ihre Stellung zum gemeinsamen Mutterkloster und die monastische und liturgische Ordnung.

Diese erste Charta, 1119 von Papst Kalixtus II. bestätigt, erhielt verschiedene Erweiterungen bis zur letzten Ergänzung durch Papst Klemens IV. 1265. Im Gegensatz zum zentralistischen Klosterverband von Cluny wurde den Zisterzienserklöstern eine weitgehende Selbständigkeit innerhalb eines hierarchischen Systems zugebilligt.

Abteien, die Neugründungen vornahmen, bildeten mit diesen eigene Kleinverbände (Filiationen), in denen der Abt des Gründungsklosters über die einheitliche Befolgung von Regeln und Statuten seiner Tochterklöster durch jährliche Kontrollbesuche (Visitationen) wachte. Dies führte zu einer Dezentralisierung der Befugnisse des gemeinsamen Stammklosters Cîteaux, dem zwar – ebenso wie seinen vier ersten Tochtergründungen (Primarabteien) La Ferté (1113), Pontigny (1114), Clairvaux und Morimond (1115) – eine rechtliche Vorrangstellung innerhalb des Gesamtordens zukam, das selbst aber nicht autonom, sondern der Aufsicht der Primarabteien unterstellt war.

Jedes weitere Kloster gehört zu einer der fünf Linien, die von Cîteaux und den Primarabteien ausgehen. Die direkten Töchter der Primarabteien wiederum galten als nominelles Haupt aller in der Folge von ihnen oder weiteren Tochtergenerationen gegründeten Klöster. Ein solcher Verband wird als familia bezeichnet. Später wurde die Bedeutung der

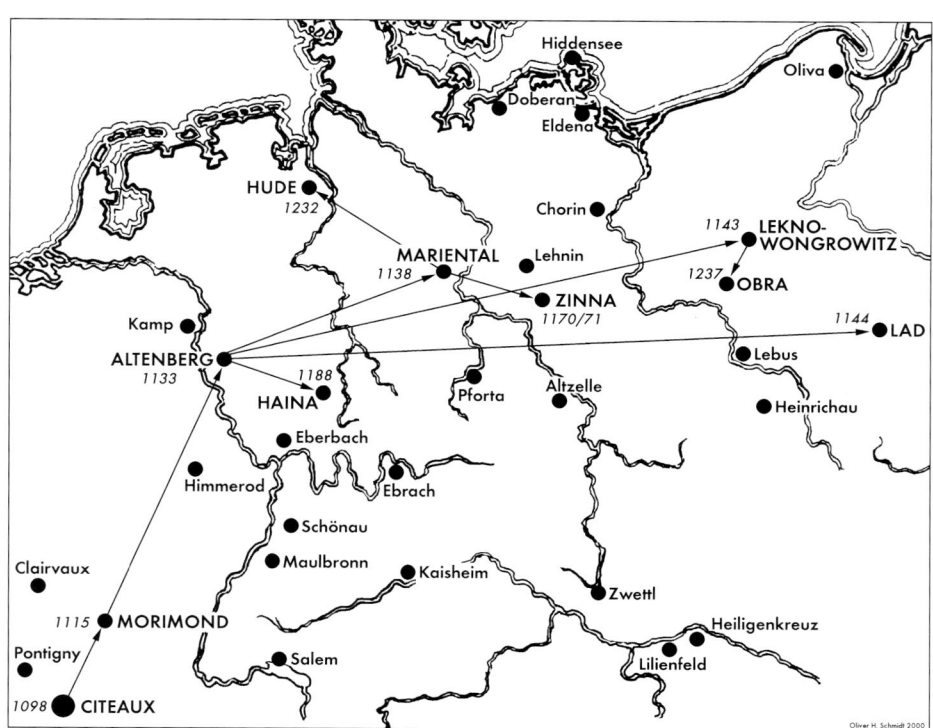

Filiationsschema der Altenberger familia

Zu »Die Anziehungskraft der Zisterzienser« (folgende Seite):
Die drei Stände – du bete demütig, du schütze, du arbeite. Darstellung aus Johannes Lichtenbergers »Prognosticon«, 1492

familia durch die Bildung von provinciae geschmälert, also Ordensprovinzen von einander geographisch naheliegenden Klöstern.

In Cîteaux fanden sich alle Äbte des Ordens im September zum jährlichen Generalkapitel ein, das über die einheitliche Befolgung der Regel wachte, allgemeinverbindliche Vorschriften erließ und über Streitigkeiten in letzter Instanz entschied. Die Beschlüsse der Generalkapitel wurden in den Libelli definitionum (Niederschrift von 1134 überliefert) gesammelt und zu bestimmten Zeiten in den Klöstern verlesen.

Die einheitliche Lebensweise des Verbandes wurde in den »Zisterziensergewohnheiten« (Consuetudines Ordina Cisterciensis, gewöhnlich Liber usuum genannt) um 1134 verbindlich niedergelegt. Auf die Einhaltung dieser Bestimmungen wurde streng geachtet. Die Consuetudines ergänzten die Benediktregel. Sie enthielten die Vorschriften für den Gottesdienst und die Bräuche für Mönche und Laienbrüder.

Die Anziehungskraft der Zisterzienser

Das Weltbild des Mittelalters war religiös geprägt. Die Lehren der Kirche über das Gericht nach dem Tode, über Belohnung der guten und Ahndung der bösen Taten waren fest im Bewußtsein der Menschen verankert. Man glaubte, das Ende aller Tage stehe kurz bevor. Es galt vorzusorgen und an das Heil der Seele zu denken. Die Mönche boten Fürbitte zur Rettung der Sünder an.

Die Menschheit wurde in drei Stände geteilt: jenen des Gebets, jenen des Krieges und jenen der Arbeit – Geistlichkeit, Adel, Bauern. Unter den Geistlichen aber gebührte den Mönchen der erste Platz, da sie mit der Forderung Christi, alles hinter sich zu lassen und ihm nachzufolgen, Ernst machten. Mönche waren im 12. und 13. Jahrhundert eine selbstbewußte Elite von hohem gesellschaftlichen Ansehen.

Für die Söhne des Adels stellte der Mönchsberuf die einzige Alternative zum Waffenhandwerk dar. In einer Zeit rasch wachsender Bevölkerung drängten viele in die Klöster.

Adlige Familien sahen in der Gründung eines Klosters eine prestigeträchtige »Rückversicherung«. Für den Orden der Zisterzienser sprach in diesem

Die Kirche von Pontigny ist die einzige noch erhaltene einer Primarabtei.

Kloster Altenberg im Flußtal der Dhünn: eine von Zisterziensern bevorzugte Lage

Der große Zulauf ließ die Zisterzen zu kleinen ummauerten Städten anwachsen: Kloster Maulbronn in Baden-Württemberg ist ein guterhaltenes Beispiel

Zusammenhang die geringe Güterausstattung, von der sich ein Konvent dank intensivster Eigenwirtschaft ernähren konnte – solch ein Kloster konnte auch von weniger begüterten Familien gegründet werden. Für sie sprach ferner der Schwung der Reform, der es ernst war mit der Nachfolge Christi, gepaart mit dem Bewußtsein, unter den Orden der Beste sein zu wollen. Und schließlich sprach für sie die imponierende Gestalt Bernhards von Clairvaux, der die Ideale des Gottesreiches predigte und eine Vielzahl von Menschen für den Orden gewann.

Die Verbreitung des Ordens

Die Ausbreitung des Zisterzienserordens erfolgte aus den im vorigen Abschnitt erwähnten Gründen mit – nach mittelalterlichen Maßstäben – ungewöhnlicher Geschwindigkeit und Reichweite. 1113 gründete Cîteaux mit La Ferté das erste Tochterkloster. 1153, beim Tode des heiligen Bernhard, umfaßte der Orden bereits 344 Klöster. Auf dem Höhepunkt der Ausbreitung um 1500 bestanden etwa 700 Männer- und 900 Frauenklöster.

1120 gründete La Ferté das erste Kloster außerhalb Frankreichs, Tiglieto nordwestlich von Genua in Italien. 1123 entstand als filia Morimonds das erste Kloster in Deutschland, Kamp am Rhein. In kurzer Folge erschlossen die Mönche ganz Europa.

Die rasche Ausbreitung des Ordens und die damit verbundenen Schwierigkeiten für eine direkte straffe Organisation führten zu einer spürbaren Zurückhaltung bei Klosterneugründungen seit der Mitte des 12. Jahrhunderts. 1152 wurde beschlossen, daß jede Klostergründung genehmigungspflichtig sei.

Doch bereits nach 1250 ließ die Anziehungskraft des Ordens nach. Die neuen Bettelorden, Dominikaner und Franziskaner, ersetzten das Ideal beschaulicher Weltabgeschiedenheit durch intensive Seelsorge

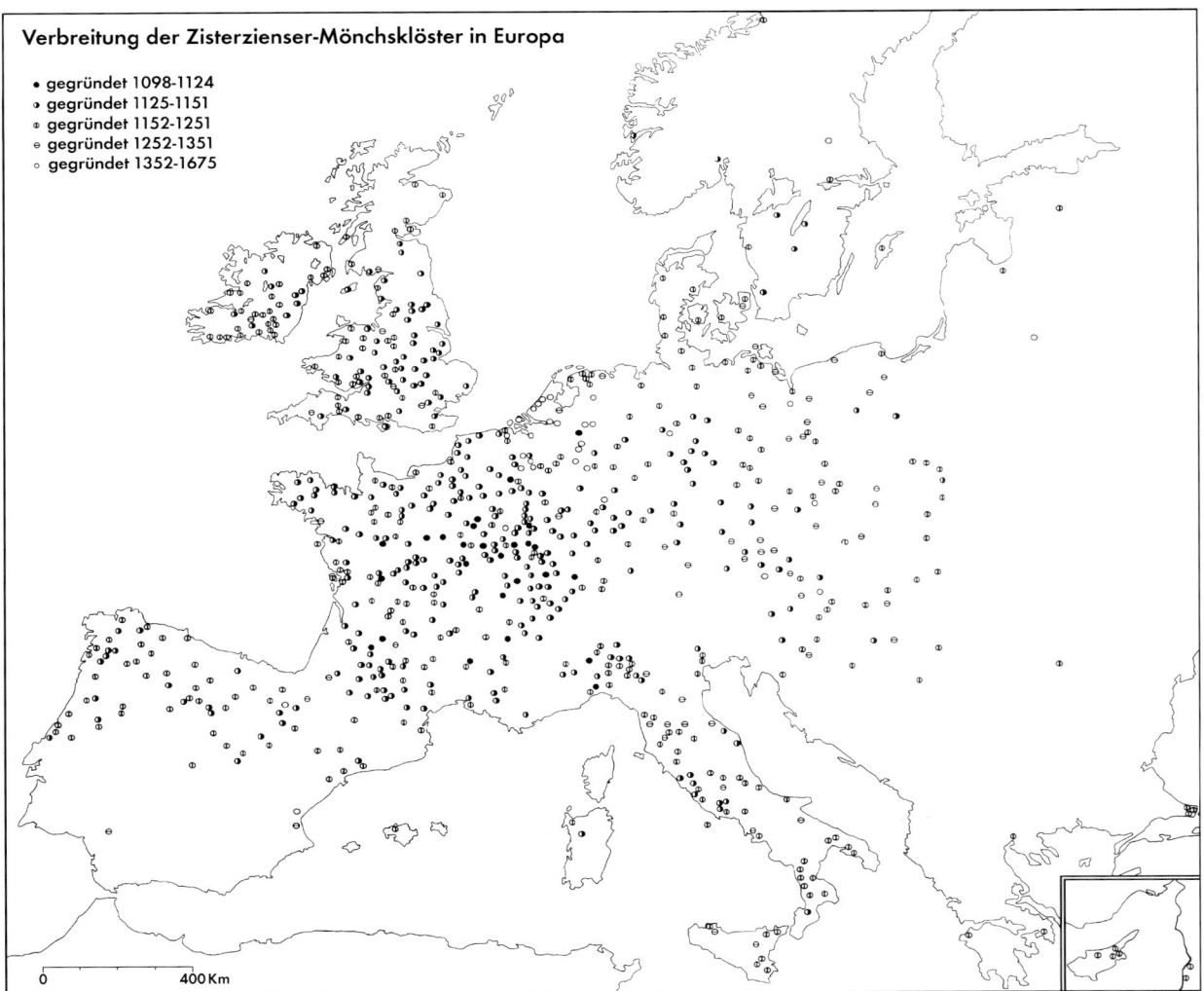

»Libido Aedificani« (Baulust) wurde den Zisterziensern von den Zeitgenossen unterstellt, die das rasche Wachstum von Orden und Klöstern mit Staunen beobachteten

innerhalb der aufblühenden Städte (so auch in Jüterbog, wo 1476 ein Franziskanerkloster entstand).

Die Reformation bedeutete einen scharfen Einschnitt. In den protestantisch gewordenen Ländern lösten die Landesherren die meisten Klöster auf. In der Barockzeit blühten die verbliebenen Konvente noch einmal auf, aber als Folge der Aufklärung wurden im Zuge der französischen Revolution und der napoleonischen Kriege auch fast alle Zisterzienserklöster aufgelöst.

In den wenigen verbliebenen Klöstern kam es im 19. Jahrhundert zu einem Neubeginn. Heute zählt der Zisterzienserorden weltweit wieder 62 Männer- und 56 Frauenklöster.

In Deutschland bestehen vier Männerklöster: Bochum-Stiepel im Ruhrgebiet, Himmerod in der Eifel, Langwaden in Nordrhein-Westfalen und Marienstatt im Westerwald, und sieben Frauenklöster: Lichtenthal bei Baden-Baden, Marienthal und Marienstern in der Oberlausitz, Oberschönenfeld bei Augsburg, Seligenthal bei Landshut, Thyrnau bei Passau und Waldsassen in der Oberpfalz. Dazu kommen ein Männer-Priorat in Birnau am Bodensee und ein Frauenpriorat in Rosenthal in der Lausitz.

Eine Reformbewegung innerhalb der Zisterzienser bildet seit 1892 einen eigenen Orden: die Zisterzienser der strengen Observanz oder Trappisten.

Zisterzienserinnen

Nach den strengen Gewohnheiten der Zisterzienser wollten auch Frauen leben. Die im 12. Jahrhundert erwachende religiöse Frauenbewegung begünstigte die Gründung von Zisterzienserinnenklöstern, deren Zahl sich vermehrte »wie Sterne am Himmel«. Auch in diese traten bevorzugt adelige Frauen sowie Angehörige aus den Patrizierfamilien der Städte ein. Bürgerliche Frauen wurden anfangs meist nur aufgrund ihrer beruflichen Fähigkeiten und eines entsprechenden Vermögens aufgenommen.

Anfangs lehnte der Orden jeden Kontakt mit Frauen ab, und die Aufnahme von Frauenklöstern

Die Jüterboger Liebfrauenkirche war die Klosterkirche der dortigen Zisterzienserinnen. Die überdimensionierte, für die Architektur des Ordens untypische Turmhaube ist eine Zutat aus dem 19. Jahrhundert

Kreuzgang in der Brandenburger Frauenzisterze Zehdenick

Abt und Konvent

Aus mindestens zwölf Mönchen und einem Abt sollte ein Zisterzienserkloster bestehen, dem Vorbild von Christus und seinen zwölf Aposteln folgend. Daß jedoch ein Abt und zwölf Mönche ein Kloster gründeten, wie es heute oft kolportiert wird, ist unwahrscheinlich. Schon 1152 bestimmte das Generalkapitel, daß mindestens sechzig Brüder auszuziehen hätten, um eine filia zu besiedeln.

Die Mönche lebten gemeinsam nach den Ordensvorschriften. Die Gesamtheit der stimmberechtigten Klosterinsassen bezeichnet man als Konvent.

Der Abt (von aramäisch abbas = Vater) hatte die oberste Gewalt in seinem Kloster inne und vertrat es auch nach außen. Die Sorge um das Wohl der Gemeinschaft war ihm übertragen. Der Abt wurde auf Lebenszeit von den Mönchen seines Konventes gewählt, die ihm Gehorsam schuldig waren. Seine Auf-

erfolgte stets nur widerstrebend auf Druck geistlicher oder weltlicher Gewalten.

Ein weiblicher Ordenszweig wurde nicht gegründet, sondern die Frauenklöster unterstanden jeweils dem Vaterabt einer benachbarten Männerzisterze. So war dem Abt von Zinna das Frauenkloster in Glaucha bei Halle subordiniert. Der Vaterabt übernahm die seelsorgerische Betreuung der Frauenklöster und beriet die Äbtissin in wirtschaftlichen Angelegenheiten. Wie seine Tochterklöster visitierte er jährlich – in späteren Jahrhunderten in größeren Abständen – die ihm unterstellten Frauenklöster.

Nach den Gewohnheiten von Cîteaux lebten auch Frauen, deren Konvente dem Orden nicht eingegliedert waren und die folglich nicht der Ordenskontrolle unterstanden. Ihre Zahl übertraf jene der inkorporierten Klöster um ein Vielfaches: ein Beleg dafür, wie große Teile des Volkes von den Idealen der Zisterzienser angesprochen wurden. Von den zehn Frauenklöstern, die auf dem Grund des heutigen Landes Brandenburg nach Zisterziensergewohnheit lebten, war wohl keines Mitglied des Ordens.

Aus der Geschichte des Klosters Schönau im Odenwald: Konversen bitten nach einer Klosterrevolte um ein Grab für den erschlagenen Anführer. »Der Abt will den Elenden im freien Feld begraben lassen. Schließlich erlangen sie durch ihr herzliches Bitten das Grab in geweihter Erde.« Der durch den Stab kenntliche Abt steht inmitten der durch die Tonsur kenntlichen Mönche des Konvents, ihnen gegenüber die bärtigen Konversen. Die Szene spielt auf dem Klosterfriedhof

gabe war es, sie in den Geboten Gottes zu unterrichten und ihnen den rechten Weg zu zeigen. Gegen Mißstände hatte er in aller Strenge einzuschreiten.

Zeichen seiner Würde ist der Abtsstab. Auf den einfachen Grabsteinen der ersten Äbte war er neben der Inschrift der einzige Schmuck.

Jedes Einzelkloster wurde alljährlich vom Abt des Mutterklosters visitiert. Der Vaterabt mußte, wenn in einem Tochterkloster noch kein Abt gewählt war, dort das klösterliche Leben und die Verwaltung überwachen. Die Neuwahl des Abtes erfolgte nur mit seinem Rat und seiner Zustimmung, er setzte ihn auch in sein Amt ein.

Der Abt hatte alljährlich das im September in Cîteaux stattfindende Generalkapitel zu besuchen, für Äbte entfernter Klöster eine außerordentliche logistische, finanzielle und zeitliche Belastung. Im Spätmittelalter gab es daher periodische Befreiungen von dieser Pflicht für die Äbte einzelner Zisterzen.

Der ursprüngliche Gemeinschaftsgrundsatz sah den Abt als Ersten unter Gleichen. Dementsprechend war ihm kein besonderes Gebäude zugestanden. Jedoch begann schon am Beginn des 13. Jahrhunderts der Bau von Abteigebäuden. Die Abtei von Zinna wurde um 1435 fertiggestellt, ersetzte aber bereits einen Vorgängerbau an gleicher Stelle.

Chorgestühl der Mönche. Hier versammelte sich der Konvent zum Chorgebet. Maulbronn, Klosterkirche

Grabstein des Bischofs und ehemaligen Abtes Nikolaus. Zinna, Klosterkirche

Gegenüber dem Abt gewann der Konvent mit der Zeit eine gewisse Eigenständigkeit. Seit 1335 hatte er das Recht, vom Abt ausgestellte Urkunden gegenzusiegeln und damit in gewisser Weise zu kontrollieren.

Novize – Novizin

Novizen sind der Nachwuchs des Klosters. Das Noviziat bezeichnet die Probezeit von mindestens einem Jahr, die jeder Kandidat im Kloster leben mußte, bevor er die Profeß, das Ordensgelübde, ablegen durfte: Gehorsam, Armut, Keuschheit.

Die Novizen bewohnten einen eigenen Klostertrakt. Sie wurden angeleitet vom Novizenmeister, der ihnen die Regel und die Gewohnheiten erklärte und sie Psalmen und liturgische Bräuche ebenso lehrte wie Lesen, Schreiben und Latein. Nach der Probezeit stimmte der Konvent darüber ab, ob der Novize aufzunehmen war. Nach dem Ablegen der Profeß, nicht vor dem 16. Lebensjahr, wurde der Novize Vollmitglied der klösterlichen Gemeinschaft.

Kloster Schönau, Szene aus dem Leben der heiligen Hildegund: Ein Laienbruder schneidet der neu in das Kloster aufgenommenen die Tonsur, zwei Mönche halten Gewand und Stiefel bereit. Man beachte den Spiegel an der Wand

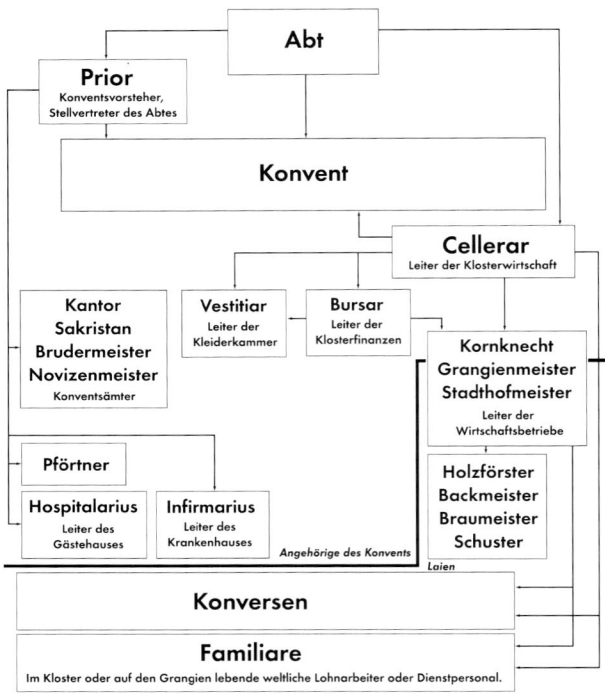

Organisationsschema eines Klosters

Nonnen brachten bei ihrem Eintritt regelmäßig eine Ausstattung mit. Anfangs galt sie als Geschenk, dessen Annahme nach der Benediktregel erlaubt war. Später wurde die Mitgift zur Voraussetzung. So gelangten die Frauenklöster in den Besitz von Liegenschaften, Hofgütern, Häusern, Wiesen, Äckern und Weinbergen, aber auch Zehnten, Zinsen, Bargeld, Rechten und Leibeigenen. In Männerklöstern hingegen waren solche Bedingungen unüblich.

Ämter und Organisation des Konventes

Der Abt konnte sich nicht um alle Einzelheiten kümmern. Er betraute daher geeignete Mönche mit Klosterämtern. An der Spitze des Konvents standen neben dem Abt der Prior und der Cellerar.

Der Prior war der Stellvertreter des Abtes, da dieser wegen der nötigen Reisen zu Generalkapiteln, Visitationen, aber auch zu politischen Zwecken häufig abwesend war. Er war die Vermittlungsebene zwischen Abt und Konvent und daneben zuständig für die geistlichen Abläufe des Klosters.

Der Cellerar war für die Wirtschaft zuständig. Er beaufsichtigte die Klosterwerkstätten, die Wirtschaftshöfe (Grangien) und die Stadthöfe, er sorgte für Nahrung und Kleidung der Mönche.

Beiden Spitzenämtern waren eine Reihe von Spezialisten nachgeordnet. Der Kantor und sein Gehilfe waren jene Mönche, die den Chorgesang leiteten. Sie standen zu diesem Zweck auf beiden Seiten des Chors. Außerdem hatte der Kantor dafür zu sorgen, daß die Brüder die zur Verrichtung ihrer Aufgaben notwendigen Kleingegenstände wie Papier, Federn, Tinte zum Schreiben oder Nadel und Faden zum Nähen und Stopfen erhielten. Er verwaltete auch das armarium, die Klosterbibliothek, und leitete das scriptorium, den Schreibsaal. Schließlich führte er den Klosterkalender und verzeichnete die Neuaufnahmen und Verstorbenen.

Der für die äußere Ordnung des Gottesdienstes verantwortliche Mönch war der Sakristan. Er läutete die Glocke, hatte die Kirchenschlüssel, sorgte für Kerzen, die Altarbekleidung, die Gefäße, die Hostien, den Wein, kurz alles, was zum Gottesdienst gehört.

Kloster Schönau: Die heilige Hildegund bittet den Abt an der Klosterpforte um Aufnahme in den Konvent. »Hildegundis, die sich unter männlicher Kleidung verbirgt und sich Joseph nennt, bittet um die Tracht des gesegneten Ordens.«

Der Bruder- oder Konversenmeister leitete die Konversen an, hielt mit ihnen auch eigene Gottesdienste und Kapitel ab und besorgte die Einteilung der Arbeiten der Laienbrüder.

Den Eingang des Klosters betreute der Pförtner. Er trat seinen Dienst im Sommer noch vor Sonnenaufgang, im Winter sobald es Tag war an. Kam ein Fremder, so fragte er ihn nach dem Gruß: wer er sei und was er wolle. Darauf empfing er ihn, hieß ihn bei seiner Zelle Platz nehmen und meldete ihn dem Abt. Erteilte dieser seine Erlaubnis, führte er ihn ins Kloster und sagte ihm, wie er sich zu verhalten habe. Mönche oder Laienbrüder des Ordens durften sofort eingelassen werden. Der Pförtner hatte in seiner Zelle Brot, um es den vorüberkommenden Armen zu geben und verteilte an der Pforte auch die Überreste der Mahlzeiten an die Armen. Frauen hatte er den Eintritt zu verwehren.

Der Infirmarius war der für die Versorgung der Kranken zuständige Bruder. Mönche durften keine ärztliche Ausbildung haben, daher mußte für die Betreuung schwerer Fälle ein weltlicher Arzt hinzugezogen werden. Der Infirmarius war häufig, auch in Kloster Zinna, gleichzeitig auch Hospitalarius, Leiter des Gästehauses, und für die Betreuung der im Kloster übernachtenden Reisenden zuständig. Dementsprechend wurden diese Funktionen in einem Gebäude vereint.

Der Bursar entlastete den Cellerar, indem die Finanzverwaltung bei ihm konzentriert wurde.

Der Kleidermeister (Vestitiar) war der Leiter der Kleiderkammer, der für die Kleidung der Brüder zu sorgen hatte. Das schwarze Ordenskleid und das winterliche Pelzwerk der Cluniazenser wurden bei den Zisterziensern ersetzt durch weiße Schafwolle für Habit und Kukulle (Chorkleid); schwarzes Skapulier (Überwurf über beide Schultern, der in zwei breiten, schurzartigen Streifen vorn und hinten bis über die Knie herabfällt und eine Kapuze hat) und Arbeitshabit wie auch die Reisekukulle waren aus grauem Stoff. Jeder Mönch erhielt aus dem Eigentum des Klosters zwei Hemden, zwei Kukullen, ein Skapulier, Hausschuhe für die Nacht, Schnürschuhe für den Tag, ein Paar wollene Socken, ein paar lange

Die massive Toranlage des Klosters Maulbronn

Strümpfe oder Gamaschen aus Wolle, einen Gürtel, ferner Schreibtafel, Messer, Nadel und Handtuch. Alle Mönche waren bartlos und trugen die große Tonsur.

Der Backmeister leitete die Bäckerei und war verantwortlich für die Brotversorgung für Mönche und Gäste. Er war gleichzeitig der Leiter der Brauerei und hatte in Zinna alle 14 Tage zu brauen. Ihm unterstanden außerdem sämtliche dem Kloster gehörenden Mühlen.

Der Schuster, häufig ein Konverse, hatte im Jahr zweimal den gesamten Konvent mit Schuhen zu versorgen. Man trug im Mittelalter festes Lederschuhwerk, im Winter eine Art von Filzstiefeln.

Der Leiter der Lagerhäuser war der Kornknecht. Er war unter Anleitung des Cellerars für die Führung der Lagerlisten und die Eintreibung der Zinsen zuständig. Meist wurde dieses Amt von einem gebildeten Konversen versehen.

Der Oberholzknecht oder Holzförster war der Aufseher über den Waldbesitz des Klosters. Er hatte den Bauern Holz für Küche und Heizung anzuweisen und auch die Öfen im Kloster zu versorgen. Er war vermutlich auch für die Bienenstöcke in den Wäldern verantwortlich. Die Bienen lieferten Wachs für Kerzen und Honig als Süßstoff, da die Zuckerrübe noch unbekannt war. Er war neben dem Abt der einzige Klosterangehörige, der Anrecht auf ein Pferd hatte. Der Gehilfe des Försters hieß Unterholzförster oder Holzknecht. Es gab davon je nach Größe der Waldbesitzungen unterschiedlich viele, er war jeweils der direkte Ansprechpartner der Bauern. In Zinna leitete er außerdem die Vogelsteller an.

Neben diesen in allen Klöstern gleichen Ämtern bestand jede Klostergemeinschaft noch aus einer Reihe weiterer Spezialisten, insbesondere Müller, Bäcker, Brauer, Viehknechte und Hirten. Diese Tätigkeiten wurden häufig von bezahlten Arbeitern oder aber von Hörigen des Klosters ausgeführt. Alle diese Tätigkeiten blieben dauernd bei einer Person.

Dazu gab es noch eine Vielzahl an wochenweisen Funktionen, die im Wechsel von allen Brüdern ausgeführt wurden. Man nannte die damit Betrauten Wöchner. Zu diesen Tätigkeiten gehörten der Tisch- und Küchendienst, die Lesung im Kapitelsaal, das Halten von kanonischen Stunden und die rituelle Hand- und Fußwaschung der Gäste.

Die Mühle im Kloster Maulbronn

Konversen

Die Konversen stellten eine eigene Gruppe zwischen Mönchen und Lohnarbeitern dar. Die Zisterzienser brauchten sie als Helfer, weil sie unabhängig von der Welt leben wollten, sich aber wegen der zeitlichen Inanspruchnahme durch den Gottesdienst nicht vollständig selbst versorgen konnten.

Conversi (lat. = Gewandelte, der Welt Abgewandte) waren ursprünglich Menschen, die sich als Erwachsene an ein Kloster banden, ohne als Mönch einzutreten. Die Zisterzienser nahmen sie in die Klosterfamilie auf. Die Konversen legten die drei Mönchsgelübde ab und galten den Mönchen als Mitbrüder, »teilhaftig unserer geistlichen wie zeitlichen Güter«. Als Arbeitskräfte hatten sie geringere religiöse Pflichten, aber auch weniger Rechte. Der Standesunterschied wurde sorgsam aufrechterhalten: Ein Konverse konnte nicht zum Mönch aufsteigen.

Die Konversen lebten getrennt von den Mönchen. Ihre Schlaf- und Speiseräume lagen im Westen des Kreuzganges, dieser war jedoch nicht direkt zu betreten. Sie gelangten durch eine Konversengasse in die Kirche, wo sich im Westen, durch eine Wand (Lettner) von den Mönchen getrennt, ihr eigenes Chorgestühl befand, von dem aus sie den Gottesdiensten zuhören und – soweit möglich – auch aktiv daran teilnehmen konnten. Zu diesem Zweck wurden ihnen die allernötigsten Kenntnisse beigebracht. Wenn die Konversen überwiegend auch kein Latein verstanden, so mußten sie doch das Paternoster, Credo, Ave Maria und Miserere auswendig hersagen können. Sie waren wie die Mönche zum Schweigen, Beten, Singen und Fasten verpflichtet, man ließ auch sie fünfmal im Jahr zur Ader, von Pfingsten bis Weihnachten und von Epiphanien bis Ostern erhielten sie jeden Freitag die Disziplin. Sie unterschieden sich durch eine kleinere Tonsur, Bart, ärmelloses Obergewand statt der Kukulle (häufig auch von brauner oder grauer Farbe) und das Fehlen des Skapuliers.

Die Konversen waren durch ihr weltliches Vorleben vielfach begehrte Spezialisten in der Landwirtschaft oder im Handwerk. Der wirtschaftliche Aufstieg des Ordens wäre ohne sie nicht denkbar gewesen. Anfangs überstieg ihre Zahl die der Mönche bei weitem, später ging sie zurück. Die aufblühenden Städte

Blick in den Konversenchor der Kirche von Maulbronn. Deutlich ist der die Kirche praktisch zweiteilende Lettner zu erkennen

boten jungen Männern eine vielversprechende Alternative zum harten Klosterleben. Lohnarbeiter ersetzten die Konversen oder die Flächen wurden verpachtet. Der Orden mußte somit von der Eigenwirtschaft abgehen.

Im Spätmittelalter traten zunehmend Universitätsabsolventen als Konversen in die Klöster ein. Diese hochgeachteten Spezialisten dienten in der selbständigen Verwaltung von Wirtschafts- (Grangien) oder Stadthöfen, oder verwalteten die Klosterfinanzen.

In Frauenklöstern gab es Laienschwestern für körperliche Arbeiten in Küche, Wäscherei, Weberei und zur Bedienung der Nonnen. Daneben spielten auch männliche Konversen für die wirtschaftlichen Tätigkeiten außerhalb des Klosters eine bedeutende Rolle.

Beim Begräbnis wurden die Konversen wie die Mönche behandelt und hoher kirchlicher Ehren teilhaftig.

Der zisterziensische Tagesablauf

Der Tageslauf der Mönche war grundsätzlich einheitlich geregelt. Abweichungen ergaben sich jedoch durch die Jahreszeiten und an Sonn- und Feiertagen. Die Mönche schliefen angekleidet, umgürtet und beschuht auf Strohsäcken im gemeinschaftlichen Schlafsaal, dem Dormitorium, mitten unter ihnen der Prior. Die ganze Nacht über brannte ein Licht. In der achten Stunde der Nacht, im Sommer ungefähr um 1.00 Uhr, im Winter etwa um 2.30 Uhr, weckte der Subprior durch ein Glockenzeichen die Brüder zur Vigilie, der nächtlichen Andachtsübung und Lobpreisung in dem von drei Kerzen spärlich erleuchteten Herrenchor. Die Sitze an der westlichen Querwand, die einen freien Blick über den ganzen Chor und zum Hochaltar gewähren, waren die vornehmsten; hier nahmen neben dem schmalen Durchgang südwärts der Abt, nordwärts der Prior, anschließend rechts und links die anderen Würdenträger des Klosters ihrem Status nach Platz. An den Langseiten saßen die Mönche nach dem Eintrittsalter, vor ihnen in der unteren Reihe die jüngeren und die Novizen. Auf das gemeinsam gesprochene Vaterunser und Glaubensbekenntnis folgten Psalmen und Lobgesänge, dann sprach der Abt (oder in seiner Abwesenheit der Prior) den Segen. Nach einem Wechselgesang setzte man sich zur Lesung aus der heiligen Schrift oder aus den Kirchenvätern. Auf die vierte Lektion folgte das Gloria, sodann wieder Psalmen, bis ein Spruchvers zum Schlußgebet überleitete. Dieses tägliche Programm wurde an Sonn- und Festtagen noch erweitert; häufig fand auch eine Nachfeier für die Seelen der Verstorbenen statt, und so konnte die Vigilie bis zu drei Stunden dauern, wenn nicht, wie im Sommer, die anbrechende Morgendämmerung zur Kürze mahnte. Blieb etwa im Winter noch Zeit übrig, so hatten sich die Mönche im Kapitelsaal mit geistlicher Lesung zu beschäftigen; zu diesem Zweck stand zwischen Kirchentür und Kapitelsaal ein beleuchteter Bücherschrank in einer Wandnische des Kreuzganges oder auch in einem kleinen Bibliotheksraum, woraus sich jeder bedienen konnte.

Bei Beginn der Morgendämmerung rief die Glocke zur Mette, in der hauptsächlich Lobpsalmen gesungen wurden. Dann trat eine Pause ein, um Toilette für den Tag zu machen. Unmittelbar nach Sonnenaufgang versammelte man sich wieder zur Prim in der ersten Stunde des Tages; sie enthielt die tägliche Messe, das feierliche Hochamt, von einem zum Priester geweihten Mönch zelebriert. Anschließend zogen die Mönche in den Kapitelsaal, um das tägliche »Kapitel« abzuhalten. Dazu nahmen sie auf den umlaufenden Bänken Platz und erhoben sich ehrerbietig, wenn der Abt oder, häufiger, der Prior erschien, um die Sitzung zu leiten. Der Wochenpriester las zunächst eine kurze Predigt, dann ein Kapitel aus der Ordensregel, im Winter auch aus den Beschlüssen des Generalkapitels vor. Dann wurden die auf einer Tafel angeschriebenen Namen derer verlesen, die Verfehlungen begangen hatten. Samstags wurde auch die Liste der Brüder bekanntgegeben, die in der kommenden Woche besondere Dienstobliegenheiten hatten. Hierauf wurde täglich aller verstorbener Brüder des Ordens und ihrer verstorbenen Anverwandten gedacht. Schließlich ergriff der Leitende selbst das Wort, um das verlesene Kapitel der Ordensregel auszulegen und Betrachtungen und Mahnungen daran zu knüpfen. An Feiertagen wurde diese Belehrung durch eine längere Predigt ersetzt, zu der auch die Laienbrüder erschienen, die dann in dichten Reihen den Ostflügel des Kreuzganges füllten. Dann ging es zur eigentlichen Klosterdisziplin über, also zur Abstrafung der Übertretungen. Jetzt durfte jeder Bruder aufgrund eigener Beobachtungen den Anderen anklagen. Dieser kniete, falls er sich schuldig fühlte, nieder und versprach Besserung; es war ihm verboten, am gleichen Tage mit einer Gegenklage zu antworten. Hierauf wurden die Geißelungen, zu denen ein Mönch verurteilt wurde oder sich selbst verurteilt hatte, vollzogen. Der Büßer entkleidete sich bis zum Gürtel und wurde von einem Bruder so lange gepeitscht, wie es der Leitende bestimmte.

Nun verneigten sich alle und entfernten sich. Nur wer beichten wollte blieb beim Prior zurück, der die Beichte hörte, die Absolution erteilte und die Sühnemittel angab.

Nach dem »Kapitel« wurden im Parlatorium oder Auditorium die Weisungen zu den verschiedenen

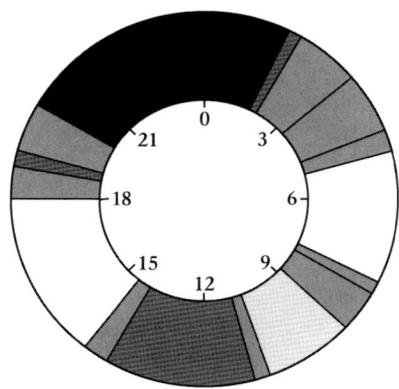

Tagesablauf der Mönche
- 1.45 Uhr: Aufstehen
- 2.00 Uhr: Vigilien (Nachtgebet)
- 3.15 Uhr: Laudes (Lobgebet zur Morgendämmerung), anschließend: Matutinalmesse (Frühmesse), Privatmessen
- 4.30 Uhr: Prim (Gebet zur ersten Stunde), Kapitelsitzung
- 5.00 Uhr: Arbeit
- 7.45 Uhr: Terz (Gebet zur dritten Stunde)
- 8.00 Uhr: Konventamt (gesungene Messe für alle)
- 8.50 Uhr: Lectio Divina, Arbeit
- 10.40 Uhr: Sext (Gebet zur sechsten Stunde)
- 11.00 Uhr: Erste Mahlzeit, Mittagsruhe
- 14.00 Uhr: Non (Gebet zur neunten Stunde)
- 14.30 Uhr: Arbeit
- 18.00 Uhr: Vesper (Gebet am frühen Abend)
- 18.40 Uhr: Zweite Mahlzeit
- 19.00 Uhr: Komplet (Gebet zum Tagesschluß)
- 20.00 Uhr: Nachtruhe

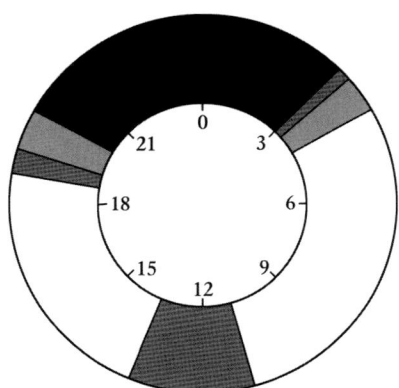

Tagesablauf der Konversen
- 3.00 Uhr: Aufstehen
- 3.15 Uhr: Laudes (Lobgebet zur Morgendämmerung)
- 4.00 Uhr: Arbeit
- 11.00 Uhr: Erste Mahlzeit und Ruhepause
- 13.30 Uhr: Arbeit
- 18.30 Uhr: Zweite Mahlzeit
- 19.00 Uhr: Komplet (Gebet zum Tagesschluß)
- 20.00 Uhr: Nachtruhe

Tagesarbeiten erteilt und die Werkzeuge ausgegeben; im Sommer zogen viele der Brüder aufs Feld, im Winter trat dafür Hausarbeit oder das Lesen erbaulicher Schriften ein.

Der Beginn der dritten Stunde, genau in der Mitte zwischen Aufgang und Mittagsstand der Sonne, rief die im Kloster Weilenden zur Terz, dem vierten liturgischen Gottesdienst. Wer keine Arbeit hatte, beschäftigte sich dann wieder still mit Lesen frommer Bücher im Kreuzgang, bis um die sechste Stunde zur Sext, dem Mittagsgottesdienst, gerufen wurde. Hierauf läutete der Prior zum Mittagessen, das die Mönche im Speisesaal (Refektorium) erwartete. Die Brüder eilten zum Brunnenhaus, um die Hände zu waschen, dann trat jeder still an seinen Platz. Die Mönche besetzten die hufeisenförmig aufgestellten Tische nur auf der Außenseite, von der Innenseite wurde aufgetragen. Der Prior als Tischältester läutete zu Beginn, bis der 51. Psalm in der Stille gebetet war. Darauf sprach der ganze Chor das Benedicte, dann Halbchor gegen Halbchor das Gloria und Kyrie; den Schluß bildete ein halblautes Vaterunser. Jetzt sprach der Wochenpriester: »Wir flehen, Herr, segne deine Gaben!«, worauf sich alle bekreuzigten und Platz nahmen. Man aß mit dem Löffel und verwendete das mitgebrachte eigene Messer. Das Mittagessen bestand nach der Benediktregel aus zwei gekochten Gerichten: »Gibt es Obst oder Gemüse, so mag noch ein dritter Gang hinzugefügt werden«. Brei und Hülsenfrüchte waren bevorzugt, von Fleischspeisen nur Fische und Geflügel gestattet. Außerdem erhielt jeder Mönch täglich ein Pfund rauhes Schwarzbrot und einen halben Schoppen (0,27 Liter) Wein, der mit Wasser vermischt getrunken wurde. Während des Essens war Stillschweigen zu wahren; es wurden auf der Kanzel von dem wöchentlich wechselnden Lektor Stücke aus der Bibel oder den Kirchenvätern, auch Teile einer Predigt, vorgelesen. Wer redete, war mit Entziehung des Weins oder der ganzen Mahlzeit, ja mit körperlicher Züchtigung bedroht. Zum Schluß gab der Prior ein Zeichen mit der Glocke, worauf sich alle erhoben und gemeinsam einen Dankvers sprachen. Unter Absingen eines Psalms zogen sie paarweise geordnet, die jüngsten voran, zu einem Dankgebet in die Kirche. Im Sommer durften sich anschließend die Mönche zu einer kurzen Bettruhe begeben;

unter Vortritt des Priors zogen sie vom Herrenchor die Treppe zum Dormitorium hinauf. Nach dem Zeichen zum Aufstehen eilten die Mönche zur Brunnenhalle, um sich mit frischem Wasser die Augen auszuwaschen. Unterdessen war die neunte Stunde angebrochen, und genau in der Mitte zwischen Mittag und Sonnenuntergang rief die Glocke zur Non, die wieder in der Kirche mit Gebet, Hymnen, Psalmen und Vorlesungen gefeiert wurde. Im Sommer folgte dann erneut der Gang ins Refektorium, wo unter Zeremonien das sogenannte Bibere eingenommen wurde, ein Trunk Wasser, in den jeder nach Belieben auch etwas von seinem Wein gießen konnte.

Nun folgten wieder einige Stunden Arbeit bis zur Vesper, dem Abendgottesdienst, der mit dem Sonnenuntergang begann. An diesen vorletzten Gottesdienst schloß sich im Sommer ein kaltes Abendbrot an, dann die Abendlektion in dem an die Kirche angelehnten Kreuzgangflügel. Dabei wurde mit Vorliebe aus den Lebensgeschichten der heiligen Väter vorgelesen, auch aus Cassians Gesprächen mit ägyptischen Mönchen über das Klosterleben. Nachdem sich unterdessen auch alle außerhalb des Klosters beschäftigten Brüder eingefunden hatten, sprach der Leitende: »Unsere Hilfe ist im Namen des Herrn,« und der Chor antwortete: »der Himmel und Erde gemacht hat.« Dann zogen alle in die Kirche zur Schlußandacht des Tages, der Komplet, welche die Zahl der klösterlichen Horen voll macht. Zum Schluß der Komplet wurden wie zu Beginn der Vigilie Vaterunser und Glaubensbekenntnis gesprochen, dann verließen die Beter einzeln den Chor. Jeder wurde im Vorübergehen von Abt oder Prior mit Weihwasser besprengt und ging dann die Treppe zum Dormitorium hinauf, im Sommer gegen 20.00 Uhr, im Winter schon kurz nach 17.00 Uhr. Auf diese Weise wurde innerhalb einer Woche der gesamte Psalter (150 Psalmen) durchgesungen, so daß mit den Vigilien des Sonntags erneut begonnen werden konnte.

Der geschilderte Tageslauf konnte den Bedürfnissen der einzelnen Tage und Jahreszeiten angepaßt werden. Am Werktag war nur Vigilie, Mette, Prim und Komplet für alle Mönche verbindlich, die übrigen Horen konnten auch bei der Arbeit in einem kurzen Gebet erfüllt werden. Schließlich stand es jedem Mönch frei, neben den gemeinsamen Exerzitien private Andachten und Geißelungen in der Kirche vorzunehmen; hierfür waren hauptsächlich die Seitenkapellen des Querhauses bestimmt. Am Mittwoch und Freitag als dem Geburts- und Todestag Jesu, mußte jede Woche bis zur Non gefastet werden (Halbfasten), demgemäß konnte an diesen beiden Tagen das Mittagessen erst am Nachmittag stattfinden. Diese Essenszeit bildete von Mitte September

Das Stundengebet steht unter bestimmten Themen:

Themen	zur Nacht	am Morgen	Prim	Terz	Sext	Non	Vesper	Komplet
1. Urthema: Licht, Sonne, Dunkel	aus der Nacht zum Licht	Aufgang des Lichtes	Tagwerk im Licht	volles Licht	Licht wird Hitze	Sinken des Lichts	Licht in den Abend	Nacht mit Licht
2. Thema: Heilsereignisse um Christus, das Licht	Ankunft: Weihnacht und Parusie	Auferstehung	(Nazareth) Der arbeitende Herr	Pfingsten	Thronbesteigung, Kreuz und Himmelfahrt	Tod Christi	Menschwerdung	(Kafarnaum) Der nächtens betende Herr
3. Thema: Ereignisse des Heilstages (Karfreitag)	Ölberg	Gottesbekenntnis vor dem hohen Rat	vor Pilatus	Geißel und Dornen	Kreuzweg	Öffnung des Herzens	Mater dolorosa (Vesperbild)	Grab

bis Fastnacht auch an den anderen Wochentagen die Regel, da im Winterhalbjahr nur eine Mahlzeit gereicht wurde. Während der 40 Tage von Aschermittwoch bis Ostern wurde ganz gefastet, also die einzige Mahlzeit sogar über die Vesper, bis in die Abenddämmerung, hinausgeschoben.

Die Zisterzienser teilten gemäß der Benediktregel sowohl die Zeit zwischen Sonnenauf- und Sonnenuntergang als auch die Zeit zwischen Sonnenunter- und Sonnenaufgang in je zwölf Stunden. Nur an den zwei Tagen der Tag- und Nachtgleiche, am Frühlings- und Herbstbeginn, entsprachen diese unseren Zeitstunden, ansonsten schwankten sie zwischen 45 und 75 Minuten. Die Abstände zwischen den fünf Tageshoren betrugen daher Ende Juni je vier Zeitstunden, Ende Dezember aber nur je zwei Zeitstunden. Auf diese Weise boten die kurzen Wintertage kaum Zeit für die Pflichten zwischen den Horen, während die Sommertage kaum enden wollten. Deshalb wurden im Sommer mehr Mahlzeiten und auch eine Ruhepause eingelegt, denn die Nachtruhe sank bis auf viereinhalb Stunden herab, während sie sich im Winter auf über neun Stunden ausdehnen konnte.

Für die Konversen galten die Vorschriften über Speise und Trank ebenfalls, wenn auch ihre besonderen Verhältnisse und Arbeiten manche Ausnahmen notwendig machten, ebenso bei den Gottesdiensten. Von der Vigilie waren sie befreit; wenn sie aber in der Nähe des Klosters waren und die Arbeit ihnen Zeit ließ, so hatten sie wie bei den übrigen Horen auf den Ruf der Glocke in die Laienkirche zu kommen. Der Konversenmeister hielt wohl auch eigenen Gottesdienst mit den Konversen ab, wie er ebenfalls ihre eigenen Kapitel leitete. Wenn am Palmsonntag die Prozession den Kreuzgang durchzog, beschlossen die Konversen den Zug. Sie fehlten auch am Gründonnerstag nicht bei der besonders feierlichen wöchentlichen Fußwaschung der Mönche in dem an der Kirche gelegenen Kreuzgangflügel. Diese Handlung begann damit, daß der Abt vier Mönchen, vier Novizen und vier Konversen die Füße wusch, trocknete und küsste. Am Karfreitag nahmen sie an der Anbetung des Kreuzes teil und zu den Festpredigten versammelten sie sich im Kreuzgang vor dem Kapitelsaal.

Architektur der Zisterzienser

Die strenge zisterziensische Regelauslegung in Verbindung mit dem geschilderten Tagesablauf beförderten die Entstehung der charakteristischen Baugestalt eines Zisterzienserklosters. So sind die Gebäude des unmittelbaren Lebensbereichs der Gemeinschaft (Klausur) nach einem idealen Muster um den Kreuzgang gruppiert. Auch der Informationsaustausch innerhalb des Ordens infolge des Filiationsprinzips und des jährlichen Generalkapitels trug zur relativ großen Einheitlichkeit der baulichen Anlagen bei. Für die Ordensarchitektur bildeten sich gewisse Grundsätze heraus, ohne daß es konkrete Anleitungen oder gar verbindliche Baugesetze ge-

Normalplan eines Zisterzienserklosters (nach Jürgen Eberle):
1–7 Kirche: 1 Presbyterium, 2 Friedhofspforte, 3 Religiosenchor, 4 Krankenchöre, 5 Lettner, 6 Laienchor, 7 Vorhalle (Paradies), 8 und 14 Aufgang zum Dormitorium der Mönche (über 9, 10, 13–16), 9 Sakristei, 10 Armarium, 11 Mönchspforte, 12 Lesesitze im Kreuzgang, 13 Kapitelsaal, 15 Sprechraum (Parlatorium), 16 Auditorium, 17 Mönchslatrinen, 18 Calefaktorium, 19 Brunnenhaus, 20 Mönchsrefektorium, 21 Lesekanzel, 22 Küche, 23 Durchreichen, 24 Sprechraum der Konversen, 25 Konversenrefektorium, 26 Konversenlatrinen, 27 Durchgang mit Treppe zum Konversendormitorium (über 25, 27, 28), 28 Vorratskeller, 29 Konversengasse, 30 Konversenpforte

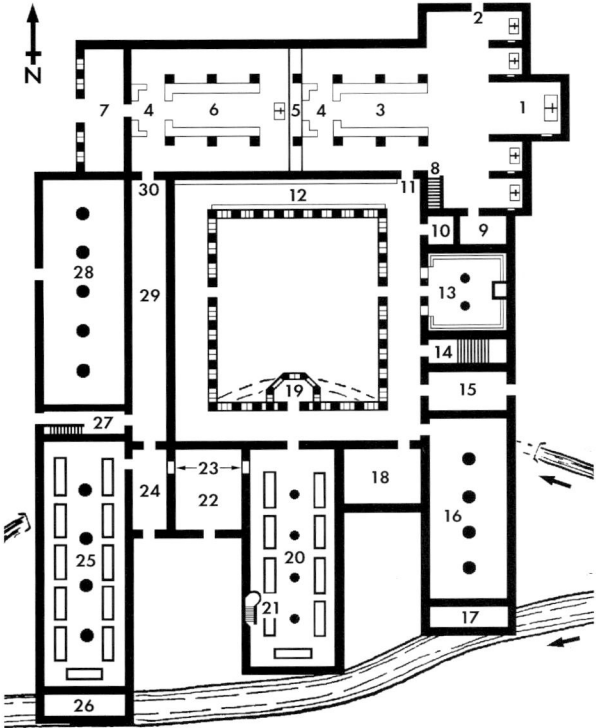

Maulbronn, Konversenrefektorium

Maulbronn, Mönchsrefektorium

geben hätte. Die Vorschriften der Generalkapitel betrafen vor allem Beschränkungen beim Aufwand der Dekoration sowie das Turmbauverbot. Schließlich ist zu bedenken, daß der Baubetrieb sich großenteils auf Kräfte aus dem eigenen Orden, zumeist Konversen, stützte, wobei sich teilweise zisterziensische Bauhütten bildeten.

Im Vergleich zur Architektur der älteren Orden, der Fürsten und Bischöfe zeichnen sich Zisterzienserbauten durch Strenge, möglichst hohe Funktionalität und Zweckmäßigkeit bei gleichzeitiger technischer Meisterschaft aus. Auf Ausschmückung, insbesondere bildlicher Art, wurde weitgehend verzichtet, um nicht von Gebet und innerer Ruhe abzulenken. Die wenigen architektonischen Gliederungselemente sind in ihrer Formensprache dem zisterziensischen Demutsethos verpflichtet und stets klar und einfach.

Bei der Betrachtung der Lage der Klöster ist zwischen Männer- und Frauenzisterzen zu unterscheiden. Für Männerklöster gilt der Grundsatz, daß sie bevorzugt in abseitigen Tallagen an einem Wasserlauf, stets aber außerhalb von Ortschaften gegründet wurden, während für Frauenklöster eher die Gründung innerhalb oder bei einer Stadt üblich war. Die Ausführung wurde den Gegebenheiten des jeweiligen Standorts angepaßt und das Leitbild bei jeder Anlage variiert. Die gewöhnlich auf einem leicht erhöhten Punkt errichtete Kirche bildete das Zentrum des Klosters.

Frühe Zisterzienserarchitektur – das Mönchsdormitorium von Le Thoronet. Jedem Schlafplatz ist ein Fenster zugeordnet.

Die dritte Szene aus dem Leben der heiligen Hildegund zeigt sie als Novizin beim Bau des Dormitoriums. Im Hintergrund sind ihr Tod und die Himmelfahrt ihrer Seele dargestellt.

Stiefelrevolte 2: »Die Brüder verschwören sich, den Herren [d.h. den Mönchen] Unheil zu bringen, doch Gott verhindert den Anschlag, indem der Verschwörer stirbt.« Dargestellt ist ein Außenaufgang zum Mönchsdormitorium.
(Den Abschluß der Bildfolge siehe S. 20)

Stiefelrevolte im Kloster Schönau: »Die Laienbrüder weigern sich, die alten Stiefel zu tragen. Abt Gottfried droht mit strenger Strafe.«
Die rechte Szene spielt im Kapitelsaal.

»Die Väter bringen dem Papst ihr Kloster dar, damit er, gesegnet an Macht, ihm günstig sei.« Dargestellt ist die symbolische Segnung der Klosterkirche, darunter eine Grangie. Alle Zisterzen erstrebten diese Form der Besitzbestätigung; Zinna erhielt sie 1221.

Die Klosterkirche Zinna

Zinna verdeutlicht die Bauprinzipien des Zisterzienserordens besonders gut, einerseits, weil hier die spätromanische Kirche ohne wesentliche Veränderungen erhalten blieb, andererseits weil das Kloster keine speziellen Repräsentationsanforderungen als Hauskloster oder Grablege einer Fürstenfamilie zu erfüllen hatte.

Es handelt sich um eine dreischiffige Pfeilerbasilika mit Querhaus, kurzem, leicht erhöhtem Chor und Apsis. An beiden Querhausarmen befinden sich jeweils zwei kleine Nebenkapellen, ebenfalls mit Apsis. Sie dienten vor allem der persönlichen Andacht der Mönche. Alle Apsiden schließen innen halbrund und außen polygonal. Spuren an der Westseite deuten auf eine ehemals vorhandene Vorhalle hin.

Schon vom Grundriß her ist die Kirche ein typischer Zisterzienserbau. Er wird beeinflußt durch die Zweckbestimmung als reine Klosterkirche. Es gab keinen Platz für Pilger oder eine Pfarrgemeinde, auch finden sich keine Umgänge für Prozessionen, dafür aber genügend Nebenaltäre für Einzelandachten sowie Platz für die Gestühle der Mönche und der Konversen. Nicht erhalten ist der Lettner, eine Trennmauer im Langhaus, die den Bereich der Mönche im Osten der Kirche vom Teil der Laienbrüder im Westen voneinander schied. Das Chorgestühl der Mönche, von dem wenige Reste in neuer Zusammenstellung übrig geblieben sind, reichte ehemals über die Vierung hinaus nach Westen. Deshalb wurden die westlichen Wandvorlagen nicht bis zum Boden herabgeführt, sondern abgekragt, eine weitere Eigenart vieler Zisterzienserkirchen.

Wegen der zahlreichen Gebetsverpflichtungen im streng geregelten Zeitplan der Mönche mußte die Klosterkirche gut erreichbar sein. Deshalb stand sie auch baulich in unmittelbarem Bezug zur südlich anschließenden Klausur, dem Lebensbereich der Mönche. Von ihrem Schlafsaal im Obergeschoß des Ostflügels konnten sie durch einen noch heute erkennbaren hochliegenden Zugang direkt ins südliche Querhaus der Kirche gelangen. Auch zum anschließenden Kreuzgang bestand durch das jetzt vermauerte Südportal eine direkte Verbindung. Das Portal auf der Nordseite des Querhauses führte zum Klosterfriedhof. Im Westen findet sich ein eigener Zugang für die Konversen.

Dem betonten Bescheidenheitsideal des Zisterzienserordens entspricht das Fehlen steinerner Türme, die daher von Anfang an verboten waren. Vorhanden ist jedoch ein als Glockenträger notwendiger Dachreiter über der Vierung. Als interessantes Detail sind in Zinna in die Gewölbekappe eingelassene durchbohrte Holzklötze zur Führung der Glockenseile erhalten.

Auf Baudekor, insbesondere auf figürlichen, wurde weitgehend verzichtet. Um so größer ist die technische Perfektion des Mauerwerks. Bei der Zinnaer Klosterkirche wurden Feldsteine verwendet, ein in der Gegend verfügbares Material. Diese während der letzten Eiszeit mit den Gletschern hierher gelangten, auf den Feldern liegenden spröden Gesteinsbrocken hat man mit bewundernswerter Sorgfalt und Regelmäßigkeit quaderartig bearbeitet. Bezeichnend für die Zisterzienser ist aber auch der ökonomische Einsatz der Mittel. So besitzen Mauerpartien, die durch Dächer oder den Anschluß von Gebäuden ursprünglich nicht sichtbar waren, eine unregelmäßige Oberfläche. Dies ist gut am südlichen Querhaus zu erkennen.

Nicht bekannt ist die genaue Erbauungszeit der Klosterkirche. Eine in der Überlieferung unsichere Weihenachricht von 1179 kann sich nur auf einen Vorgängerbau beziehen. Auch bei der Weihe 1226 dürften allenfalls Teile der bestehenden Kirche vorhanden gewesen sein. Verschiedene Gesichtspunkte

Kloster Zinna. Klosterkirche

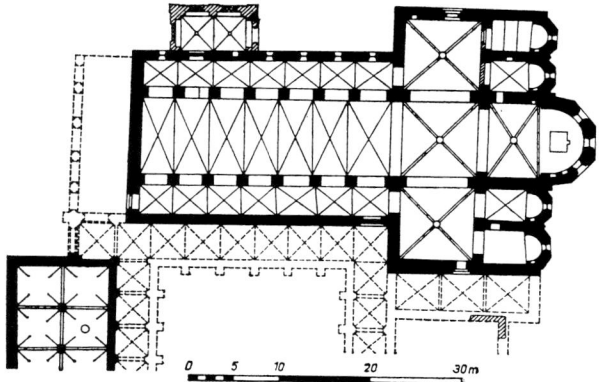

Klosterkirche von Südosten. Erkennbar an den weniger sorgfältig bearbeiteten Partien des Mauerwerks ist der Anschluß des Ostflügels der Klausur an das Querhaus. Als typisches Merkmal für Zisterzienserkirchen besitzt auch die in Zinna keinen massiven Turm, sondern nur einen Dachreiter über der Vierung.

Klosterkirche von Osten. Die Baugestalt mit den kleinen Nebenkapellen am Querhaus folgt einer für viele Zisterzienserkirchen charakteristischen romanischen Form. Moderner wirkt die polygonale Hauptapsis mit ihren großen Spitzbogenfenstern.

Klosterkirche von Westen, Norden und Osten (v.o.n.u.)

sprechen nämlich für eine Vollendung erst um die Mitte des 13. Jahrhunderts. Wegen der wirtschaftlichen Schwäche des Konvents wurden auf den Generalkapiteln des Ordens 1229 und 1230 Pläne einer möglichen Verlegung des Klosters erörtert, die sich erst durch Besitzzuweisungen auf dem Barnim erübrigten. Dadurch scheinen auch wieder größere bauliche Aktivitäten möglich gewesen zu sein. Diese Überlegungen werden durch ein beim jetzigen, erst aus dem 18. Jahrhundert stammenden Mittelschiffsdachwerk wiederverwendetes, wohl von der alten Konstruktion stammendes Holz gestützt. Es konnte mit Hilfe der Dendrochronologie, einer Methode zur Bestimmung des Fälljahres der Hölzer durch Analyse der Jahresringe, in die fünfziger Jahre datiert werden. Auffällig sind schließlich einige im Vergleich zum romanischen Habitus des Baues relativ moderne Formen wie die fast durchweg spitzbogigen Fenster und Portale sowie die polygonalen Apsiden. Besonders die sehr großen Fenster der Hauptapsis besitzen eine für romanische Bauten der Region ungewöhnliche Gestalt. In der Wahl der altertümlichen Bauform und der Schmucklosigkeit ist wohl typisch zisterziensisches »Understatement« zu sehen. Durch einige stilistisch jüngere Details und die Perfektion der Steinbearbeitung deuteten die Bauherren zugleich die potentiellen Möglichkeiten an. Gerade im Vergleich mit dem gleichzeitig neu errichteten Magdeburger Dom, dem Sitz des Zinnaer Landesherren, den ein Chorumgang, aufwendige Bauplastik und Wölbungen auszeichnen, wird die zur Schau gestellte Askese deutlich. Unterschiede bestehen ebenso zu den reichgegliederten Backsteinbauten solcher Zisterzienserklöster, die auch Repräsentationsansprüchen fürstlicher Stifterfamilien zu genügen hatten (Lehnin, später Chorin oder Doberan).

Auch wenn die Grundgestalt der Zinnaer Kirche gut erhalten blieb, gingen die folgenden 750 Jahre natürlich nicht spurlos an ihr vorbei. Vielmehr sind die späteren Veränderungen ebenso Teil ihrer wechselvollen Geschichte.

Erst nach und nach ging man an die Einwölbung der Klosterkirche. Sie ist dadurch geradezu ein »Musterbuch« für Wölbungsformen des 13. bis 15. Jahrhunderts. Zum ältesten Bestand gehören die Tonnengewölbe in den äußeren Nebenkapellen. Etwas jünger sind die Kreuzgewölbe mit Bandrippen in den Seitenschiffen. Sie wurden mit zunächst offenbar nicht vorgesehenen plastischen Stuckkapitellen mit Pflanzenmotiven kombiniert. Der Schmuck von Kapitellen ist in Zisterzienserkirchen im allgemeinen zurückhaltend. Bereits Bernhard von Clairvaux hatte erzählende Darstellungen und Fabelwesen auf den Kapitellen verurteilt. Bevorzugt wurden Blattkapitelle und vereinfachte, später sehr naturähnliche Pflanzenkapitelle.

Etwas später entstand die Wölbung des Südquerhauses mit breiten Rippen aus zwei Wülsten und kantigem Stab. Zu einer größeren Baukampagne kam es in den 1130er Jahren, wir wissen nicht, ob durch Bauschäden, Zerstörung oder andere Gründe verursacht. Damals erhielten die Ostteile der Kirche neue Dächer. In der ursprünglichen Form als Kreuzstrebenkonstruktion ist das Chordachwerk bis heute erhalten. Es konnte dendrochronologisch auf 1338 datiert werden. Auch der Dachreiter geht auf diese

Klosterkirche Zinna. Die Detailansicht der Nebenkapellen am südlichen Querhaus zeigt die besondere Sorgfalt der Feldsteinbearbeitung.

links oben: Klosterkirche, nördliches Seitenschiff nach Osten mit urtümlichen Bandrippengewölben und Stuckkonsolen

rechts oben: Klosterkirche, Blick in den Dachraum über dem später angefügten Nordwestanbau (wohl Laien-Vorhalle). Zu sehen ist die ehemalige Außenwand des nördlichen Seitenschiffs.

rechts unten: Blick in die äußere südliche Nebenkapelle der Klosterkirche mit Tonnengewölbe, der ältesten unter den zahlreichen in Zinna vorkommenden Wölbungsformen

unten: Darstellung der Passion Christi. Die Tafel befindet sich heute in der Dorfkirche Pechüle nordwestlich von Zinna, kann aber einst zum Konversenaltar der Zinnaer Klosterkirche gehört haben.

Phase zurück (1339). Interessant ist die Nachricht, daß Kloster Zinna 1307–13 einen Sandsteinbruch bei Pretzien besaß, denn die hochgotischen Rippen der restlichen Gewölbe im Ostteil der Kirche bestehen nicht aus dem sonst üblichen Ziegelmaterial, sondern aus Sandstein. Der Steinbruch könnte im Hinblick auf geplante Baumaßnahmen erworben worden sein, was ein weiteres Beispiel für die gezielte wirtschaftliche Planung des Ordens wäre.

Durch sein Backsteinmauerwerk ist der nordwestliche Anbau deutlich als spätere Ergänzung erkennbar. Er diente wahrscheinlich als Laien-Vorhalle. Letzte größere Baumaßnahme in der Klosterzeit war die Vollendung der Einwölbung mit dem Einzug von flachen Kreuzrippengewölben im Mittelschiff während des 15. Jahrhunderts. Sie ersetzten die ursprünglichen Holzdecken. An den Schlußsteinen finden sich Darstellungen aus dem Physiologus, einer christlich umgedeuteten, sagenhaften Tierbeschreibung der Antike, so der Pelikan, der seine Jungen mit dem eigenen Blut speist, oder der Löwe, der seinen Nachwuchs durch den Odem des eigenen Atems zum Leben erweckt.

Von der Kirchenausstattung aus der Klosterzeit sind nur noch Reste erhalten. Dazu zählen der Unterbau des Hauptaltars mit seiner profilierten Sandsteinplatte sowie Nebenaltäre in der nördlichen Seitenkapelle und an einem Pfeiler des nördlichen Seitenschiffs nahe der Orgelempore. Vom einstigen Chorgestühl blieben fünf Bank- bzw. Pultwangen mit figürlichen Darstellungen u.a. einer Verkündigung, eines auferstandenen Christus sowie des Benedikt von Nursia und Bernhard von Clairvaux. Ein Fußbodenfeld vor dem Hauptaltar mit Buchstabenfliesen, die den Text der Verkündigung Mariä ergeben, wurde 1897/98 restauriert. Aus dem Spätmittelalter stammen das sandsteinerne Sakramentshäuschen (Mitte 15. Jahrhundert) sowie die Glasfenster mit Darstellungen Benedikts und Bernhards in der Hauptapsis (frühes 16. Jahrhundert). Im einstigen Durchgang zum Kreuzgang im südlichen Seitenschiff wurde der Grabstein des Bischofs und Abtes Nikolaus (†1405) angebracht.

S. 36: Inneres der Klosterkirche nach Westen. Der spätromanische Raum ist bis heute gut erhalten. Spätere Zutaten sind die spätgotische Mittelschiffswölbung und die Ausstattung des 19. Jahrhunderts.

Klosterkirche, Gewölbe des Nordquerhauses mit Sandsteinrippen

Klosterkirche, Vierung und Chor nach Osten mit barocken Ausstattungsstücken und der Apsisausmalung von Heinrich Heyl aus dem Jahre 1900

links oben: Klosterkirche, Stuckkonsolen im Langhaus

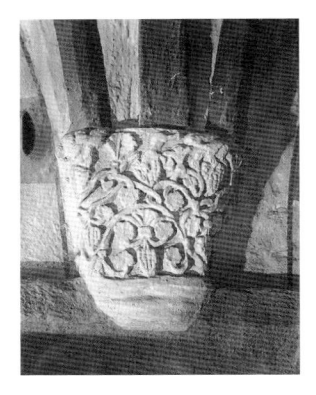

rechts oben: Klosterkirche, Sakramentshaus

links unten: Klosterkirche, Wange des nördlichen Chorgestühls

rechts unten: Klosterkirche, Fußboden aus Tonfliesen mit Majuskelinschrift vor dem Hochaltar

In den Jahrhunderten nach der Auflösung des Klosters kam es lediglich zu Renovierungen und Erhaltungsmaßnahmen. Ein Zeugnis für die Zeit als Amtssitz ist das prächtige Barockepitaph für den Amtsverwalter Johann Jakob von Cratz im nördlichen Querschiffsarm (1706). Die benachbarte äußere nördliche Nebenkapelle wurde als Grablege hergerichtet und durch ein schmiedeeisernes Gitter abgeschlossen, eine schöne ornamentale Arbeit, die bei genauem Betrachten auch eine Auffahrt zum jüngsten Gericht erkennen läßt.

Während Kanzel (1694), Taufstein (um 1700) und Altar (wohl 1703) von der barocken Neuausstattung künden, verschwanden damals eingebaute Logen und Emporen bei der umfassenden Renovierung 1897/98. Sie prägt mit der neuen Apsisausmalung von Heinrich Heyl aus dem Jahre 1900 und weiteren Ausstattungsstücken das Erscheinungsbild des Inneren. Auch einige auf spätere Anbauten zurückgehende Unregelmäßigkeiten am Bau wurden damals »bereinigt«. Da sich Verfechter radikaler Purifizierungen, nicht zuletzt aus Kostengründen, nicht durchsetzen konnten, blieben zahlreiche interessante Baudetails und die vielfältigen Ausstattungsstücke bewahrt. Dazu gehört auch die 1850–51 von Gottfried Wilhelm Baer aus Niemegk geschaffene, gut erhaltene Orgel.

Die Zinnaer Klosteranlage

Aufgrund späterer Umnutzungen, Modernisierungen, Abbrüche oder Neubebauung blieb kaum eine mittelalterliche Klosteranlage in der ursprünglichen Form erhalten. Dies gilt auch für Zinna. Durch den Vergleich mit anderen Klöstern, Analyse der noch vorhandenen Baufragmente, alter Pläne und Beschreibungen läßt sich die Gesamtanlage aber in ihren Grundzügen rekonstruieren.

Zentrum sind Kirche und Klausur, der den Mönchen bzw. Konversen vorbehaltene, für Außenstehende abgeschlossene Kernbereich des Klosters. Die einzelnen Räume waren in drei Flügeln um den Kreuzgang angeordnet. Erhalten blieb in Zinna lediglich ein Teil des Westflügels.

Der Kreuzgang ist oft als Herz einer Abtei bezeichnet worden. Er umschloß einen viereckigen Hof,

Pfarrhaus, historische Ansicht von Südwesten. Das im Mittelalter vermutlich als Abtsküche und Speisenlager errichtete Gebäude erhielt nach barocken Veränderungen seine heutige Gestalt, als es 1867 zum Pfarrhaus bestimmt wurde.

Klosterkirche, Blick auf das südliche Seitenschiff und Querhaus mit Ansatzspuren des Kreuzgangs

Rest vom spätromanischen Westflügel der Klausur (Konversenhaus) mit Ansatzspuren des Kreuzgangs

zu dem er sich in – häufig verglasten – Arkaden öffnete, und stellte die Verbindung zu allen Erdgeschoßräumen des Klausurbereichs her, diente aber auch für Prozessionen oder die persönliche Meditation. Da in den Klöstern der Anfangszeit kein gesonderter Raum für Lektüre vorgesehen war, wurde gewöhnlich der an die Kirche angelehnte Kreuzgangflügel für diesen Zweck benutzt. In Zinna ist der Kreuzgang vollständig zerstört. Deutlich sichtbar sind aber noch seine Ansatzspuren an der Südmauer der Klosterkirche und am Westflügel der Klausur mit Spuren der ehemaligen Wölbungen.

An das Querschiff der Kirche schloß der Ostflügel der Klausur an, wo sich die wichtigsten Räume des Konvents befanden, die für Versammlungen, Aufenthalt und Ruhe der Mönche dienten. Üblicherweise waren dies die Sakristei mit direktem Zugang von der Kirche, dann Kapitelsaal, der Sprechraum (Parlatorium) sowie ein Studien- und Arbeitsraum (Frateria), in der oberen Etage der Schlafsaal (Dormitorium) mit Zugang zur Kirche. Einzelheiten der Baustruktur in Zinna sind unbekannt. Vielleicht werden dazu einmal Grabungen nähere Aufschlüsse erbringen.

Der Kapitelsaal, benannt nach der Lesung von Kapiteln aus der Regel, war nach der Kirche der wichtigste Raum. Mit dem Kreuzgang war dieser Versammlungs- und Beratungsraum des Konvents mittels eines Durchgangs und offener Fenster verbunden, damit die Konversen vom Gang aus mithören konnte. Um den Raum verliefen entlang der Wände Sitzstufen.

Die Dormitorien – die gemeinsamen Schlafsäle – nahmen neben der Kirche die größte Fläche ein. Sie befanden sich im Obergeschoß und ragten in ihrer Länge häufig aus dem Klausurquadrat heraus. Das Dormitorium der Mönche hatte je einen Treppenaufgang vom Kreuzgang und aus einem Querschiffarm der Kirche heraus – in der Kirche neben der heutigen Tür noch als Fenster mit Treppenresten erkennbar. Die Dormitoriumswände wurden durch eine dichte Reihe von kleinen Fenstern gegliedert, die jeweils einer Schlafstelle zugeordnet waren.

Verloren ist der Südflügel. In diesem am weitesten von der Kirche entfernten Teil der Klausur befanden sich nach zisterziensischer Gewohnheit Wärmestube (Calefactorium), Küche und Speisesaal (Refektorium).

Abtei, nordöstlicher Erdgeschoßraum mit wiederhergestelltem Kamin

Keller der Abtei

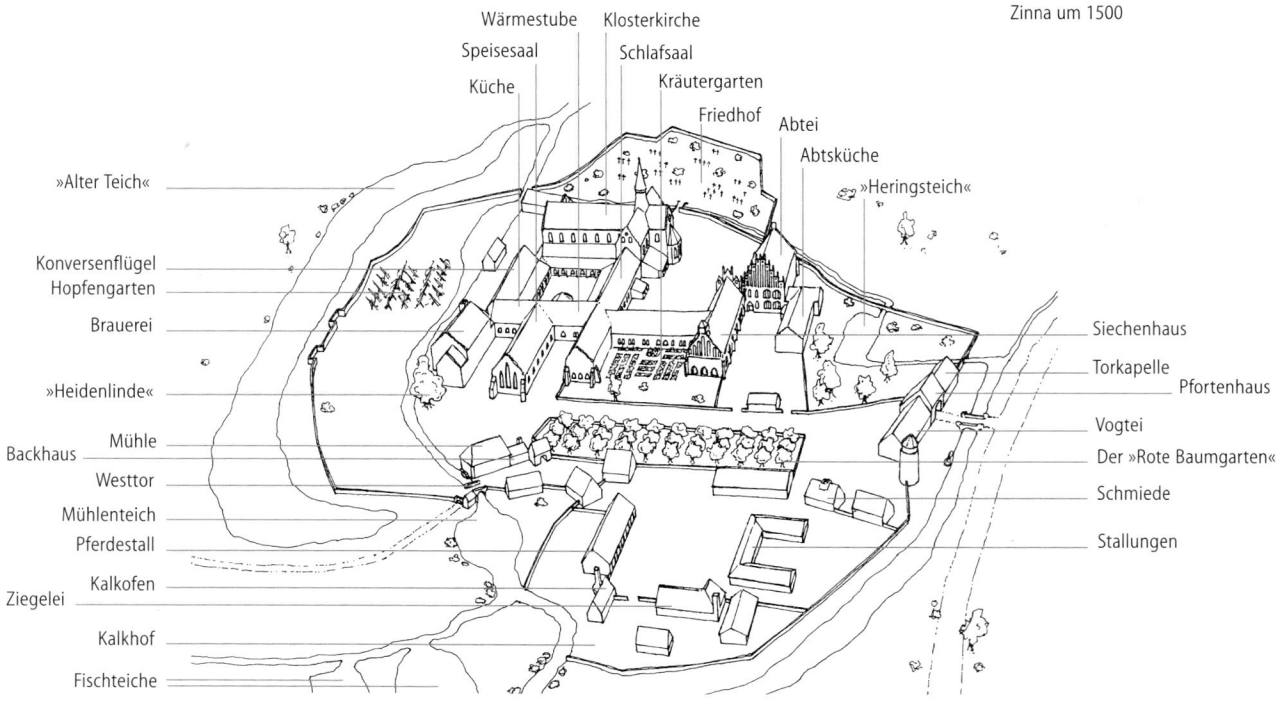

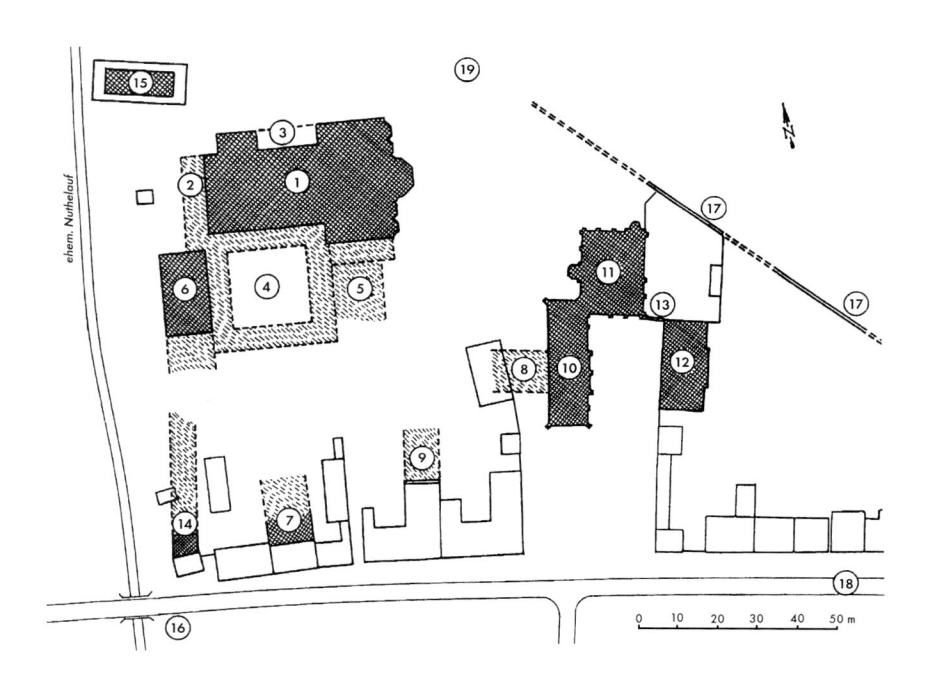

Rekonstruktionsversuch des Klosters Zinna um 1500

Labels (Rekonstruktionszeichnung):
- Wärmestube
- Speisesaal
- Küche
- Klosterkirche
- Schlafsaal
- Kräutergarten
- Friedhof
- Abtei
- Abtsküche
- »Alter Teich«
- Konversenflügel
- Hopfengarten
- Brauerei
- »Heidenlinde«
- Mühle
- Backhaus
- Westtor
- Mühlenteich
- Pferdestall
- Kalkofen
- Ziegelei
- Kalkhof
- Fischteiche
- »Heringsteich«
- Siechenhaus
- Torkapelle
- Pfortenhaus
- Vogtei
- Der »Rote Baumgarten«
- Schmiede
- Stallungen

Kloster Zinna, heute noch erhaltene bzw. sicher rekonstruierbare Teile der Klosteranlage
1 Klosterkirche, 2 ehem. Westvorhalle, 3 Abtsgrablege, 4 Kreuzgang, 5 Ostflügel der Klausur, 6 Westflügel der Klausur (Konversenhaus), 7 Südabschluß des Querflügels, 8 Verbindungsbau, 9 Südwand des Querflügels am Verbindungsbau, 10 Siechenhaus, 11 Abtei, 12 Pfarrhaus (ehem. evtl. Abtsküche), 13 ehem. Verbindungstrakt, 14 Brauhaus, 15 Fließkeller, 16 Klostermühle, 17 Klostermauer, 18 Lage Pfortenhaus mit Vogtei, 19 Friedhof

Ziergiebel des frühen 14. Jahrhunderts auf der Nordseite des Siechenhauses, geschmückt mit Fialen, krabbenbesetzten Wimpergen und Rosetten

Eingemauerte Fratze am Siechenhaus

Blick von Nordwesten auf die Abtei mit Treppenturm des 17. Jahrhunderts und das Siechenhaus mit gotischen Ziergiebel. Ein späterer Anbau verdeckt die früheren großen Spitzbogenfenster, die einen bis in den Dachraum hineinreichenden Saal belichteten (historische Aufnahme).

Nordteil des Westflügels der Klausur (Konversenhaus) von Südwesten. Erkennbar der Ansatz von Wölbungen des nicht mehr erhaltenen Südteils mit dem Speisesaal der Laienbrüder.

Rest des südlichen Querflügels der Klausur von Westen, der vermutlich das Sommerrefektorium enthielt.

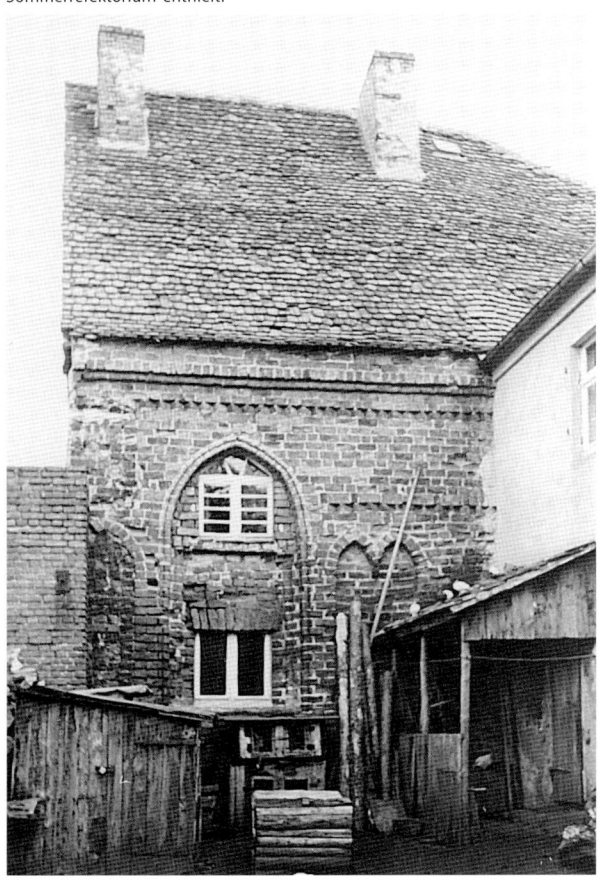

Südwestlich schloß das Brauhaus an (Fragmente erhalten). Eingebaut in das Haus Klosterstraße 6 hat sich der Rest eines im Winkel von 90 Grad weit nach Süden vortretenden, hohen Quertrakts erhalten, wahrscheinlich das Refektorium. Vielleicht handelte es sich um ein spezielles geräumiges Sommerrefektorium, wie es in verschiedenen Klöstern neben dem heizbaren Winterspeisesaal vorhanden war. Ein solches Herausragen dieses Bauteils war für Zisterzienserklausuren nichts Ungewöhnliches, ebenso wie oft auch beim Ost- und Westflügel. Der noch vorhandene Baurest macht zugleich die beträchtliche Ausdehnung der ursprünglichen Anlage nachvollziehbar. Anders als beim Kapitelsaal befanden sich über dem Refektorium keine Räume, die eine Beschränkung in der Höhe notwendig gemacht hätten. Oft wurde es repräsentativ durch Säulenreihen und Gewölbe gegliedert. Die Lesekanzel bildete einen wichtigen Bestandteil. In Zinna fand später eine Unterteilung in zwei Geschosse statt. Nachrichten in neuzeitlichen Gebäudeinventaren deuten an, daß sich hier oder im Südflügel auch die Bibliothek befand. In der Anfangszeit hatte dafür in den meisten Zisterzienserklöstern ein kleiner Raum neben der Sakristei oder sogar nur eine Wandnische ausgereicht. Gegenüber dem Eingang zum Mönchsrefektorium ragte das Brunnenhaus in den Hof des Kreuzganges hinein. Es diente zum Händewaschen vor jeder Malzeit und hatte häufig die Form eines mehreckigen Zentralbaues.

Von den Gebäuden der eigentlichen Klausur ist nur ein Teil des Konversentrakts im Westen erhalten. Während der im Obergeschoß des Backsteinbaues untergebrachte Schlafsaal der Laienbrüder später verändert wurde, vermittelt die zweischiffige Erdgeschoßhalle mit ihren kuppeligen Gewölben noch einen Eindruck von der einstigen Raumstruktur. Sie diente als Cellarium (Lagerraum für Speise- und Getränkevorräte). Südlich eines Durchgangs dürfte auch in Zinna der Speisesaal der Konversen gelegen haben. Charakteristisch ist die Separierung vom Klausurbereich der Mönche, am erhaltenen Baurest deutlich durch das Fehlen von Fenstern zum Kreuzgang hin.

Den besten Eindruck von der einstigen Größe der Klosteranlage erhält man beim Heraustreten aus der Kirche. Rechts befindet sich der Rest des Klausurwestflügels, genau gegenüber erhebt sich der Giebel des ehemaligen Refektoriums und etwas weiter links ein weiterer Backsteingiebel eines Klostergebäudes. Ganz links erkennt man die erhaltenen Gebäude des Siechenhauses und der Abtei. Deren auffällig verputzter Treppenturm wurde um 1653 angefügt.

Im Gegensatz zur Klausur, die im späten 18. Jahrhundert größtenteils zur Gewinnung von Baumaterial für die neu entstehende Webersiedlung abgebrochen wurde, blieb ein östlich davon gelegener, weiterhin genutzter Komplex erhalten. Er besteht aus drei gotischen Backsteinbauten, dem Siechenhaus, der Abtei und dem jetzigen Pfarrhaus, die eine ehrenhofartige Anlage bilden. Das links stehende Siechenhaus war ehemals durch einen Verbindungstrakt mit der Klausur verbunden. Auch davon zweigte ein Quertrakt ab, dessen südliche Giebelmauer an der Rückseite des Hauses Klosterstraße 8 erhalten blieb. Möglicherweise befand sich hier das Noviziat des Klosters. Das Siechenhaus, vermutlich im frühen 14. Jahrhundert als Hospital (Infirmarium) errichtet, beherbergte ursprünglich im Obergeschoß einen großen, ins Dach hineinreichenden Schlafsaal. Der prächtige Ziergiebel auf der Nordseite weist auf die früher andere Struktur hin. Bei einem spätmittelalterlichen Umbau wurden neue Decken eingezogen, die großen Fenster der nördlichen Giebelseite vermauert und durch einen Treppenvorbau verdeckt. Außerdem entstand der schlichte Südgiebel. Die durch Ausgrabungen nachgewiesene Heißluft-Fußbodenheizung im Erdgeschoß ersetzte man durch Öfen. Außerdem erfolgte eine Unterteilung in verschiedenartige Gewölberäume, so daß nun auch höhergestellte Gäste untergebracht werden konnten, vielleicht auch Pfründner, die sich wie in ein Altersheim

Kloster Zinna. Siechenhaus und Abtei

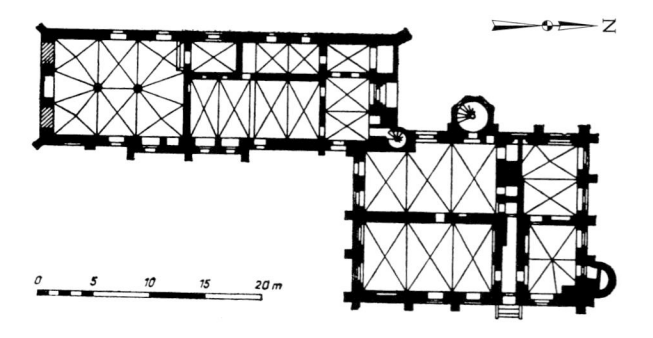

Ruine des 1872 abgebrannten Brauhauses südwestlich der Klausur (heute allein das rechte Ende noch vorhanden), rechts die heutige Klosterstraße, links im Hintergrund die Abtei, noch weiter links (außerhalb des Bildes) steht die Klosterkirche. Aufnahme von Albert Schwartz, 1886

unten: Siechenhaus und Abtei von Süden. Die 1433 erbaute Abtei war das repräsentativste Gebäude des Klosters und diente auch zum Empfang hoher Gäste.

einkauften. Hier wirkte der sowohl für die Krankenpflege als auch für die Gästebetreuung zuständige Infirmarius.

Den Mittelpunkt des Komplexes bildet die nordöstlich errichtete Abtei. Durch einen abgetreppten Ziergiebel ist die Südseite als Schaufront ausgebildet, heute das Wahrzeichen Kloster Zinnas. Dieser Bau besitzt einen ganz anderen Charakter als die zweihundert Jahre ältere Kirche und bezeugt Macht und Reichtum des Klosters im späten Mittelalter. Durch Datierung der bewahrten mittelalterlichen Dachkonstruktion ins Jahr 1433 konnte die Bauzeit der Abtei ermittelt werden. Seit einer Restaurierung in den 1960er Jahren präsentiert sie sich wieder in der Gestalt des späten Mittelalters und ist als Klostermuseum zugänglich. Mit ihren durchweg gewölbten Räumen, die durch große Fenster belichtet werden, sowie Fußbodenheizung und Kamin hebt sich die Abtei deutlich von den sonst üblichen Wohnbauten aus Holz und Lehm ab. Sie verdeutlicht die herausgehobene Stellung des Abtes innerhalb der Klostergemeinschaft. Es handelt sich um einen herrschaftlichen Residenzbau, für den es in Nordostdeutschland aus dieser Zeit kaum Vergleichbares gibt, da ähnliche Gebäude auf Burgen meist zerstört sind. Allerdings war er nicht nur Wohnsitz des Abtes, sondern diente auch zum Empfang von Gästen und für politische Verhandlungen, schließlich zur Repräsentation des Klosters nach außen. Mit diesen recht

weltlichen Funktionen war der Komplex ein Bindeglied zwischen dem inneren Klosterbereich und der Außenwelt. Dazu paßt auch die Lage in der Nähe der Klosterpforte, die sich an der jetzigen Klosterstraße westlich der Einmündung in die Berliner Straße befand.

Unter der Abtei liegt auch noch ein außergewöhnlicher Kellerraum mit rundem Mittelpfeiler, der Gastkeller, den der Cellerarius, der Leiter der Klosterwirtschaft, mit Bier und bestem Wein zu versorgen hatte. Die teilweise Unterkellerung und die Heizungsanlage bedingen in den Innenräumen erhebliche Niveauunterschiede auch innerhalb der Geschosse, die durch Treppen überwunden werden.

Zugehörig war das jetzt als Pfarrhaus dienende, ursprünglich durch einen kleinen Verbindungstrakt mit der Abtei verknüpfte Gebäude auf der rechten Seite des Hofes. Es entstand im Laufe von zwei mittelalterlichen Bauphasen und wurde im 18. und 19. Jahrhundert stark verändert. Ältere Beschreibungen und der erhaltene große, tonnengewölbte Vorratskeller machen es wahrscheinlich, daß der Bau ehedem Abtsküche und Speisenlager beherbergte.

Das Klosterareal hatte den Charakter einer kleinen Stadt, deren Struktur durch die Überbauung mit der barocken Plansiedlung allerdings weitgehend verloren ging. Von den schützenden Klostermauern finden sich heute nur noch geringe Reste hinter Abtei und Pfarrhaus. An der am Kloster vorbeiführenden Straße zwischen Jüterbog und Luckenwalde stand das Torgebäude (Pfortenhaus), der Hauptzugang des Klosters. Dessen teilweise gewölbte Räume enthielten Pförtnerwohnung, Torkapelle und Vogtswohnung. Die Ummauerung schloß außer den beschriebenen Bauten auch die Frauenkapelle, Gasthaus (Krug), Badestube sowie, vor allem südwestlich der Klausur, eine Vielzahl von Handwerksbetrieben ein, z.B. Schmiede, Schlachthaus, Schusterei, Backhaus, Kalkhof und Mühle an der Nuthe, außerdem Hopfengarten und Fischteiche. Diese sind wie auch alle übrigen Wasserbauten zerstört. Der nordöstlich anschließende Wirtschaftshof Kaltenhausen mit Schäferei lebt in der Anfang des 20. Jahrhunderts neu errichteten Gutsanlage nach.

Schema einer Unterboden-Heißluftheizung, wie sie auch in Kloster Zinna vorhanden war

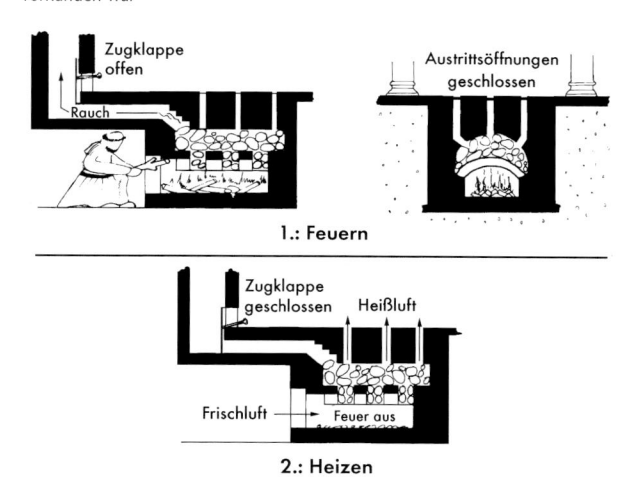

S. 47: Der durch eine Fußbodenheizung erwärmbare Saal im Südosten des Erdgeschosses der Abtei (1665 als Große Hofstube bezeichnet)

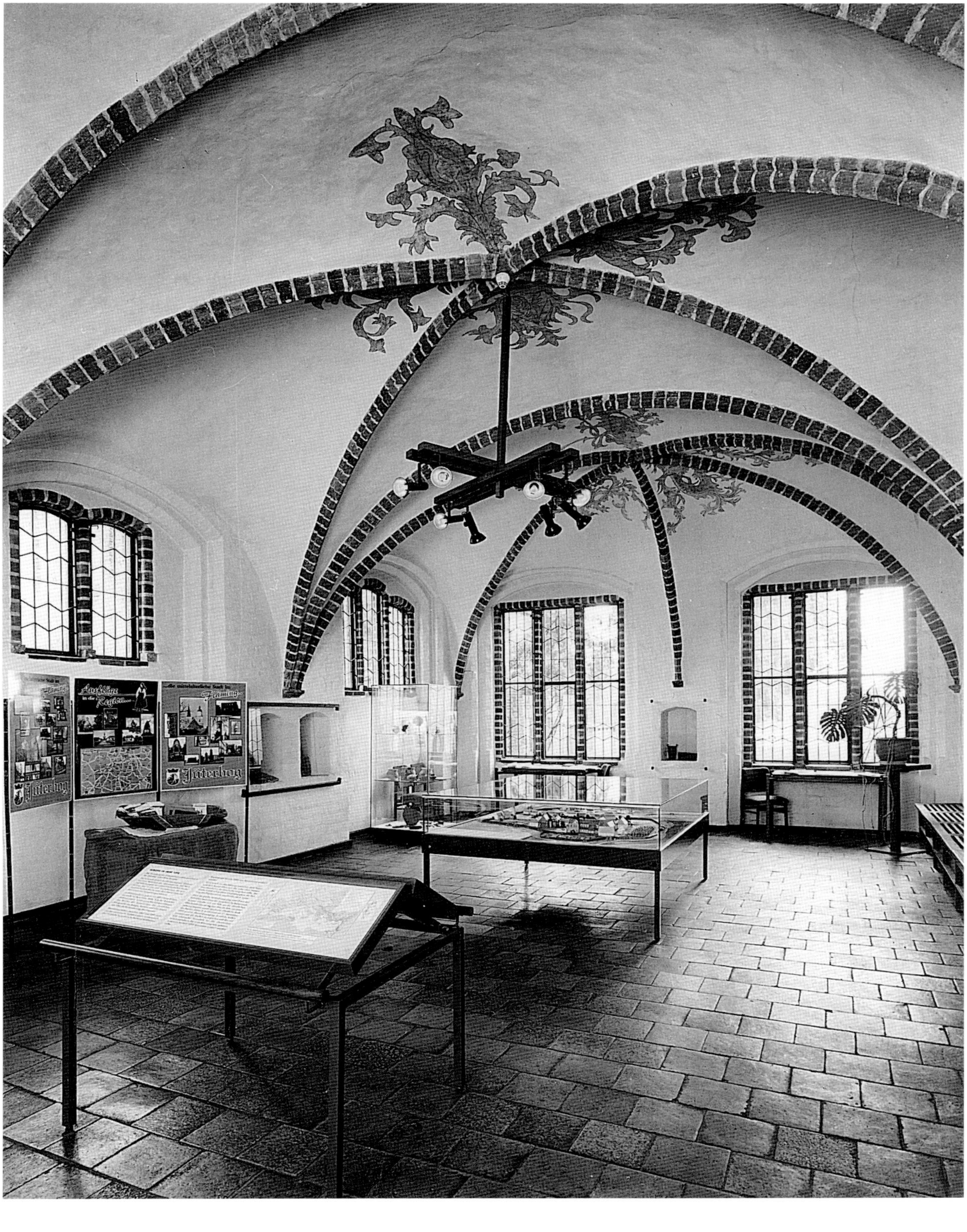

Die deutsche Ostsiedlung

Im Zuge der frühmittelalterlichen Völkerwanderung war das Land östlich der Elbe von germanischen Stämmen verlassen worden; Slawen rückten an ihre Stelle. Doch die slawische Westwanderung kam bereits im 7. Jahrhundert zum Stillstand, und eine ostwärts gerichtete Gegenbewegung setzte ein. Sie erreichte mit der Gründung des Erzbistums Magdeburg durch Kaiser Otto I. im Jahr 962 einen ersten Höhepunkt. Die Slawen widersetzten sich der Christianisierung jedoch zunächst erfolgreich. Erst in der Folge des »Wendenkreuzzuges«, eines Nebenfeldzuges des zweiten Kreuzzuges 1146, gelang deutschen Reichsfürsten ein Festsetzen im ostelbischen Gebiet. Hier taten sich der Sachsenherzog Heinrich der Löwe und der Askanier Albrecht der Bär hervor.

Albrecht eroberte im Kampf gegen Jaczo von Köpenick im Jahr 1157 die Brandenburg. In der Folge gelang eine weitgehende Befriedung und Christianisierung des Gebietes zwischen Elbe und Oder in einem Zeitraum von etwa 100 Jahren.

Die Bewegung war Teil eines gesamteuropäischen Prozesses des Landesausbaus, der sich in den Einzellandschaften in unterschiedlichem Tempo und verschiedener Intensität vollzog. Dies geschah durchaus nicht immer kriegerisch, sondern vielfach wurden deutsche Siedler auch von slawischen Fürsten zur Förderung der Wirtschaftskraft ins Land gerufen, so in Pommern oder Schlesien. Häufig spielten religiöse Motive bei den vielfach christlichen slawischen Adligen eine Rolle.

Voraussetzung war eine Zunahme der Bevölkerung Europas, die Hand in Hand ging mit einer Verbesserung der landwirtschaftlichen Produktionsmethoden, welche deutlich höhere Erträge ermöglichte. Die Technik der Bodenbearbeitung, die Organisation der Arbeit und das gesamte Anbausystem wurden geändert (Dreifelderwirtschaft). Die Hufe wurde als Einheit bäuerlicher Wirtschaft zu einem Landmaß, das bei der Anlage neuer Dörfer angewandt wurde. In der Region des Fläming, die unter anderem von Siedlern aus den hochwassergefährdeten Gebieten Flanderns und der Niederlande besiedelt wurde, galt die »flämische Hufe« als Grundlage für einen lebensfähigen Hof. Sie umfaßte 16,8 Hektar.

Die Zuwanderer aus dem Westen siedelten sich häufig nicht an slawischen Wohnstätten an, sondern erschlossen vielmehr durch intensive Rodung neues Land. Die slawische Bevölkerung blieb weitgehend im Land, wenn auch zunächst als Bewohner minderen Rechts, und wurde langsam assimiliert (mit Ausnahmen wie den Spreewälder Sorben).

Die Zisterzienser östlich von Saale und Elbe

»[Der Zisterzienserorden] wurde eine Spezialität, er wurde der Orden der Kolonisation. [...] Eh ein halbes Jahrhundert um war, war nicht nur ein Netz von Zisterzienserklöstern über das ganze christliche Europa ausgebreitet, sondern auch tief in heidnische Lande hinein waren die Mönche von Cisterz mit dem Kreuz in der Linken, mit Axt und Spaten in der Rechten, lehrend und Acker bauend, bildend und heiligend vorgedrungen.«

Dieses Zitat aus den »Wanderungen durch die Mark Brandenburg« Theodor Fontanes ist durch die Forschungen der letzten Jahre stark relativiert worden. Sie haben gezeigt, daß die Zisterzienser nicht länger als »Vorkämpfer für deutsche Kultur und Gesittung im Slawenland« gelten können. Viele Zisterzen entstanden nicht in der Einöde, sondern in engem räumlichen Kontakt mit bestehenden slawischen Siedlungen, so etwa Zinna in der Nachbarschaft Jüterbogs.

In Polen war die erste Zisterze bereits 1143 gegründet worden, doch der zwischen dem deutschen Reich und Polen gelegene Raum blieb lange von Klostergründungen ausgespart. Erst im Zuge der deutschen Siedlungsbewegung förderten sowohl deutsche wie slawische Fürsten die Zisterzienser in stärkerem Maße.

Als erstes Kloster entstand 1165 Dobrilugk (heute Doberlug-Kirchhain) in der Lausitz. Zinna (1170/71), Doberan (1171) und Lehnin (1180) folgten noch in den 1170er und 1180er Jahren, sie wurden jedoch sämtlich von aufständischen Slawen bald nach der Gründung verwüstet und mußten neu errichtet werden.

Während die Klöster des Binnenlandes überwiegend durch Zisterzen aus dem mitteldeutschen

Klosterkirche Doberan, Blick von Osten

Klosterkirche Chorin, Westfassade

Kloster Lehnin

Raum gegründet wurden, verdankten die Abteien an der Ostseeküste den politischen Interessen Dänemarks ihre Entstehung. Dargun, Kolbatz, Eldena und Oliva gehören zusammen mit den skandinavischen Klöstern der Filiation von Clairvaux an, während die anderen Zisterzen in Ostdeutschland und Polen aus der Linie von Morimond stammen.

Im 13. Jahrhundert, als die Blütezeit des Ordens schon zu Ende ging, wurden in den östlichen Teilen des Reiches und in Polen weitere Zisterzienserklöster eingerichtet. Die schlesischen Herzöge hatten bereits 1175 Leubus an der Oder gegründet, 1222 folgten Heinrichau und 1292 Grüssau.

Mancher Fürst errichtete eine Abtei als Hauskloster, wenn ihm bei einer Landesteilung keine Zisterze zugefallen war. So verdankt Mariensee/Chorin seine Entstehung der askanischen Landesteilung Brandenburgs im Jahr 1258.

Sechs ehemalige Männerklöster des Zisterzienserordens liegen auf dem Gebiet des heutigen Landes Brandenburg: Dobrilugk, Zinna, Lehnin, Mariensee/Chorin, Neuzelle (1268) und Himmelpfort (1299). Davon lagen drei im Mittelalter nicht im Herrschaftsraum der brandenburgischen Markgrafen. Das Kloster Dobrilugk gehörte zur Markgrafschaft Niederlausitz, Neuzelle zur Markgrafschaft Meißen und Zinna zum Territorium des Erzstiftes Magdeburg.

Das Land Jüterbog und Erzbischof Wichmann

Es ist bis heute nicht sicher zu klären, wann der Magdeburger Erzbischof Wichmann von Seeburg (geb. vor 1116, gest. 1192, 1152–1192 Erzbischof von Magdeburg) sich in den Besitz des sogenannten »Landes Jüterbog« gesetzt hat. Als wahrscheinlich gilt jedoch das Jahr 1157, in dem Markgraf Albrecht der Bär die von dem wendischen Fürsten Jaczo von Köpenick besetzte Brandenburg eroberte. Die Chroniken und Dorfnamen des südlich Jüterbog gelegenen Niederflämingraumes weisen auf die Jahre um 1160 als Beginn der »deutschen« Besiedelung des Landes hin. Erzbischof Wichmann siedelte hier niederländische und flämische Siedler an, denen die Region ihre Benennung »Fläming« verdankt. Jüterbog selbst, als slawische Siedlung »jutriboc« erstmals 1007 in

»Bischof Buggo von Worms gründet im Jahre 1142 das Kloster Schönau.« Ob Wichmann, wie hier dargestellt wird, den Bauplatz für Kloster Zinna selbst zugewiesen hat, bleibt Spekulation. Eine Besichtigung des Ortes durch den Orden vor Baubeginn war üblich.

Konversen beim Klosterbau: »Die Laienbrüder, von Frömmigkeit getrieben, erbauen das Kloster Schönau«

der Chronik des Thietmar von Merseburg erwähnt, wurde in der Folgezeit als Hauptort der Landschaft zu einem Handelszentrum ausgebaut und erhielt bereits 1174, als zweite Stadt der Region nach Brandenburg an der Havel, von Wichmann das Magdeburger Stadtrecht. Das Territorium lag bis 1680 als magdeburgische Exklave zwischen den wettinischen Besitzungen im Süden, Osten und Westen sowie den Brandenburgischen im Westen und Norden.

Es wird vermutet, daß es Ziel des Erzstiftes Magdeburg war, das Gebiet zwischen Elbe und Oder möglichst vollständig zu beherrschen. Damit standen die Erzbischöfe im erbitterten Wettbewerb mit den askanischen, wettinischen, aber auch schlesischen Fürsten. Inwieweit die magdeburgischen Interessen sich in teilweisem Besitz von Gebieten auf dem Teltow, dem Barnim oder im Havelland geäußert haben, ist in der Forschung umstritten. Von der Position zu dieser Frage ist jedoch die Stellung zu einem bedeutenden Aspekt der Gründungsgeschichte von Kloster Zinna abhängig: War die Gründung des Klosters als Bollwerk gegen askanische Interessen im Jüterboger Raum oder als Sprungbrett für die Vergrößerung der erzstiftischen Besitzungen nach Norden gedacht?

Wichmann gründet Kloster Zinna

Die Filiation von Kloster Zinna ist unsicher. In der Literatur wird seit 1650 allgemein das rheinische Kloster Altenberg als Mutterkloster genannt. Unzweifelhaft ist aus vielen Quellen, daß Zinna zur Gemeinschaft der von Altenberg gegründeten Klöster, der Altenberger familia, gehört. Jedoch fehlen mittelalterlichen Belege für eine direkte Filiation völlig. Statt dessen wird in zwei Generalkapitelbeschlüssen von 1469 und 1487 der Abt des Zisterzienserklosters Mariental bei Helmstedt (eine eindeutige Gründung Altenbergs) als Vaterabt bezeichnet. Es gibt weitere Indizien für diesen Gründungsweg: Mariental ist 1170 die Magdeburg nächstgelegene Zisterze; die päpstliche Besitzbestätigung Zinnas von 1221 ist in einem Kopialbuch Marientals überliefert; die Beziehungen zwischen Mariental und Zinna sind über die gesamte Dauer der Existenz beider Klöster sehr eng. Es wird daher hier Zinna als Tochter Marientals angesehen.

Sicher ist, das der Anstoß zur Gründung von Erzbischof Wichmann ausging. Die Gründung von Kloster Zinna 1170/71 steht in auffälligem zeitlichen Zusammenhang mit seiner Förderung der Stadtentwicklung Jüterbogs. Wenn man die gewöhnlich als Ursachen für eine Klostergründung angeführten Aspekte Missionstätigkeit, Landesausbau, Grablege einer Herrscherdynastie und Sicherung politischer Interessen im Falle Kloster Zinnas abwägt, so entfällt der für die Klöster der Markgrafschaft Brandenburg bedeutende Aspekt der Grablege vollständig. Auch die Slawenmission ist von Kloster Zinna, wenn überhaupt, wohl nur in bescheidenem Umfang betrieben worden. Zum geistlichen Zentrum der Region war die Stadt Jüterbog bestimmt, die die Hauptkirche des Landes besaß.

Dagegen entwickelten die Zinnaer Äbte eine bedeutende politische Position. Spätestens nach 1245 kamen sie in die Rolle eines Vermittlers zwischen dem Erzstift und den brandenburgischen Askaniern. Dies läßt sich an der zunehmenden Häufigkeit ihres Auftretens in Zeugenreihen askanischer Urkunden, insbesondere im frühen 14. Jahrhundert, ablesen. Diese Position ruhte nach dem Ende der askanischen Herrschaft in Brandenburg, wurde aber unter den Hohenzollern wieder ausgebaut. Der Abt war als Rat von Hause aus sowohl für den Erzbischof von Magdeburg als auch für den Kurfürsten von Brandenburg tätig und gehörte im 15. Jahrhundert als Mitglied der Prälatenbank den Landständen beider Territorien an. Zu dieser Zeit wurden auch die repräsentativsten Bauten auf der Klosteranlage errichtet. Am 15. November 1449 wurde der Vertrag von Zinna zwischen dem Magdeburger Erzbischof Friedrich III. Graf von Beichlingen von Magdeburg und Kurfürst Friedrich II. »Eisenzahn« von Brandenburg im Kloster geschlossen. Er befreite den brandenburgischen Kurfürsten endgültig von ohnehin nur noch auf dem Papier bestehenden Lehensabhängigkeiten und regelte Grenzstreitigkeiten in Zauche, Prignitz und Havelland. Damit war die Idee des Erzbistums Magdeburg als geistlichem Kolonialterritorium endgültig begraben und die Vormachtstellung Brandenburgs anerkannt.

Im Gegensatz zu den Klöstern des Altsiedellandes westlich der Elbe war Kloster Zinna auch im Besitz

Mageburger Dom: Grabplatte des Erzbischofs Wichmann

der Blutgerichtsbarkeit, die durch einen Klostervogt ausgeübt wurde. Wann das Kloster dieses Recht, das seit dem 15. Jahrhundert nachweisbar ist, erwarb, ist jedoch bislang nicht zu belegen.

Doch legt die Gleichzeitigkeit der Entwicklung von Kloster und Stadt, insbesondere in Anbetracht der räumlichen Nähe, eine andere primäre Gründungsintention nahe. Annette von Boetticher hat in ihrer Studie zum mittelalterlichen Gütererwerb des Zisterzienserklosters Riddagshausen auf die besondere Förderung dieses Klosters durch Heinrich den Löwen hingewiesen, die im Zusammenhang mit dem Ausbau Braunschweigs zur Fernhandelsstadt stand. Das Kloster sollte sowohl die Stadt selbst mit Nahrungsmitteln versorgen als auch durch den Stadthof als Motor der Handelsentwicklung dienen. Ein vergleichbares Vorhaben erscheint für das von Erzbischof Wichmann besonders geförderte Land Jüterbog folgerichtig.

Ein schwieriger Beginn

Der von Heinrich dem Löwen gegen Kaiser Friedrich I. Barbarossa und seine Verbündeten entfesselte Wendenaufstand von 1179 beendete die gezielte Aufbaupolitik Wichmanns im Jüterboger Land jäh. Die Klosterbaustelle wurde verwüstet, der erste Abt soll erschlagen worden sein. Die von Wichmann schnell unternommenen Förderungsversuche hatten keinen Erfolg, und das Generalkapitel in Cîteaux sah sich veranlaßt, 1195 dem »Abbas de Jutrebuch« zu untersagen, Mönche und Konversen mit Reliquien zum Betteln zu schicken.

Erst Grunderwerbungen des Klosters während der Amtszeit der Erzbischöfe Ludolf und Albrecht II. in den Jahren bis 1225 ermöglichten eine Wiederaufnahme der Bautätigkeiten in spürbarem Umfang, und das folgende Jahrzehnt wurde für die weitere Entwicklung besonders entscheidend. 1221 bestätigte Papst Honorius III. dem Kloster Zinna seinen Grundbesitz. Für 1226 ist die Weihe der Klosterkirche oder der Gesamtanlage überliefert. Daß diese Weihehandlung jedoch nicht als Hinweis auf eine gesicherte Situation verstanden werden kann, erhellt der Umstand, daß 1229 das Generalkapitel des Ordens um Hilfe und möglicherweise Verlegung des Klosters gebeten wurde. Der mit der Prüfung beauftragte Vaterabt, der unter anderem den Erzbischof von Magdeburg in dieser Sache aufsuchte, berichtete jedoch nach 1230 nichts Negatives mehr.

Der Besitzerwerb auf dem Barnim

1230 wurde dem Kloster wohl von Erzbischof Albrecht von Magdeburg ein Streifen Landes auf dem Barnim zugewiesen. Diese Schenkung verfolgte wohl den Zweck, das Land durch Aufsiedlung gegenüber Ansprüchen der askanischen und meißnischen Markgrafen zu sichern. Dieser Vorgang gehört in den größeren Komplex des von Walter Kuhn am Beispiel des mittleren Oderraums so trefflich analysierten Grenzschutzes durch kirchliche Siedlung. Jedoch ging die Lehenshoheit nach kriegerischen Auseinandersetzungen schon bis 1245 an die Askanier über, die das Kloster 1247 in allen seinen Rechten und Besitzungen bestätigten. Nun war Zinna territorial-

Die Dörfer des Klosters Zinna auf dem Barnim

politisch Diener zweier Herren, denn während die eigentliche Klosterstelle magdeburgisch blieb, gehörte der wirtschaftlich bald bedeutendere Barnimbesitz von nun an zur Markgrafschaft Brandenburg.

Das Kloster blieb bis zu seiner Auflösung 1553 im Besitz dieses Gebietes, das für die wirtschaftliche Entwicklung Zinnas durch die darin enthaltenen Rüdersdorfer Kalkberge zentrale Bedeutung erlangen sollte. Zinna gehörte zu den wenigen Zisterzen Ostelbiens, die über reiche Bodenschätze verfügten und sie auch ausbeuteten. Neben dem Rüdersdorfer Kalk sind hier der klösterliche Eisenhammer bei Scharfenbrück, die Ziegelerde aus den Feldmarken Slawtitz und Studenitz und nicht zuletzt die Beteiligung an der Salzproduktion von Halle zu erwähnen. Die Erlöse aus diesen Bereichen stellten die landwirtschaftlichen bald deutlich in den Schatten.

Landwirtschaft und Besitzentwicklung

Bereits in den ersten Statuten von Cîteaux wurde gefordert: »Die Mönche unseres Ordens müssen von ihrer Hände Arbeit, Ackerbau und Viehzucht leben. Daher dürfen sie zum eigenen Gebrauch besitzen: Gewässer, Wälder, Weinberge, Wiesen, Äcker (abseits von Siedlungen der Weltleute), sowie Tiere […] Zur

Bewirtschaftung können sie nahe oder ferne vom Kloster Höfe haben, die von Konversen beaufsichtigt und verwaltet werden.«

Innerhalb zisterziensischer Klostermauern befanden sich alle Arten von Werkstätten (officinae), um die nötigen handwerklichen Tätigkeiten ausüben zu können.

Vor allem die Versorgung der Gemeinschaft mit Nahrung und Bekleidung mußte sichergestellt sein. In der Kornmühle, dem Backhaus und der Brauerei wurden die auf den Ländereien gewonnenen Produkte verarbeitet. Kleidung und Schuhwerk konnten aus der Wolle der eigenen Schafe und aus den Häuten des Nutzviehs im Kloster hergestellt werden. Lederverarbeitung in Zisterzen ist vielfach belegt.

Die Kunst des Wasserbaus, der Einrichtung von Stauwehren und der Anlage von Abzugsgräben stand auf hoher Stufe. Der Wasserlauf diente zur Trinkwasserversorgung, zur Abwasserbeseitigung, zur Bewässerung der Gärten, zur Speisung der Fischteiche und zum Betrieb der Mühlen.

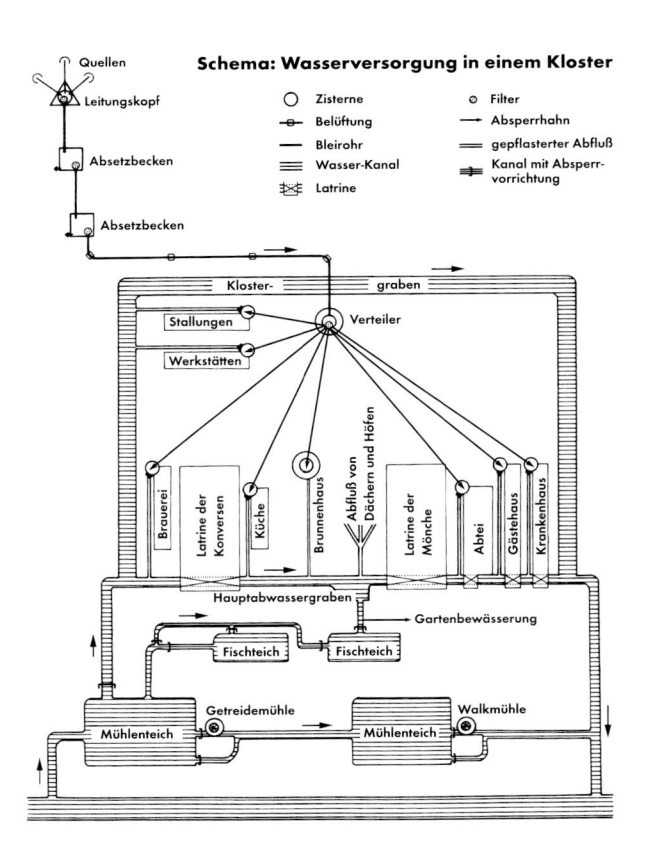

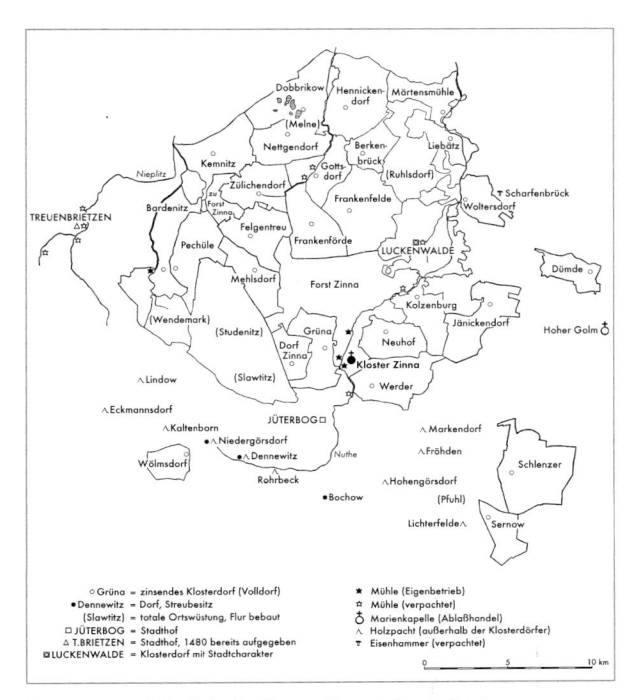

Besitzungen und Einkünfte des Klosters Zinna im Lande Jüterbog

Die Klöster bauten eine Reihe von durch Konversen bewirtschafteten Zweigbetrieben, die Grangien, auf. Die Grangien Kloster Zinnas lagen im Jüterboger Besitz in Kaltenhausen (300 Meter vom Kloster entfernt) und Neuhof (3 Kilometer nordöstlich). In Dobbrikow unterhielt das Kloster eine Fischzucht. Auf dem Barnim gab es die Grangie Kagel und die Schäferei in Rüdersdorf.

In die Zeit nach 1235 fällt der Übergang Zinnas zu einer aktiven Grunderwerbspolitik. Waren die Besitzungen bis zu diesem Zeitpunkt praktisch ausschließlich durch Schenkungen oder Stiftungen erworben worden, sind die Veränderungen der Folgezeit durch Kauf oder Tausch zustande gekommen. Daher ist ab diesem Zeitpunkt von einer gesicherten wirtschaftlichen Basis des Klosters auszugehen. Mit dem 1285 erfolgten Kauf des zwölf Dörfer umfassenden Burgbezirkes Luckenwalde von den Brüdern Olzo und Wedigo von Richow und der Besitzerweiterung nach Norden im Jahre 1307 durch den Kauf der Dörfer Dobbrikow, Hennickendorf, Märtensmühle, Melle und Nettgendorf von Heidenreich von Trebbin war die Herausbildung des bis zur Aufhebung des Klosters Bestand habenden Besitzkomplexes weitgehend abgeschlossen. Dafür sind Teile des südlich Jüterbogs sowie an der Elbe östlich Magdeburgs gelegenen Streubesitzes aufgegeben worden.

Festzuhalten ist, daß Kloster Zinna im wesentlichen bereits besiedelte Ortschaften erwarb. Als eigene kolonisatorische Leistungen sind im Jüterboger Raum nur die Gründung des deutschen Dorfes Grüna, allerdings auf einer slawischen Vorgängersiedlung, und die später in ein Dorf gewandelte Grangie Neuhof anzusehen. Auf dem Barnim erscheinen nur Kagel und der später als Schäferei und Verwaltungszentrum genutzte Hof in Klosterdorf als Gründung des Klosters.

Im Gegensatz zu den ursprünglichen Intentionen des Ordens spielte also die Eigenbewirtschaftung des Besitzes von Anfang an nur eine untergeordnete Rolle im engsten Raum um das Kloster herum. Neben den noch 1695 nachweisbaren Wirtschaftsgebäuden auf der eigentlichen Klosteranlage (Mühle, Bäckerei, Brauhaus, Schmiede, Stallungen) bestand lediglich eine Schäferei im unmittelbar benachbarten Kaltenhausen und die schon erwähnte Grangie Neuhof ca. 3 km nordöstlich. Hierbei ist allerdings anzumerken, daß die Größe des Zinnaer Besitzes mit um 1480 rund 75 000 Morgen und 39 Dörfern deutlich über den in Westeuropa üblichen Besitztumsgrößen lag und eine Eigenwirtschaft von vornherein ausschloß. Es dominierte die Abgabenwirtschaft, wobei ein zunehmender Übergang von der Natural- zur Geldabgabe nicht feststellbar scheint.

Das Handelszentrum Kloster

Der Handel mit überschüssigen Erträgen erfolgte über Stadthöfe. Hierbei entwickelte Zinna ein den Klöstern im Altsiedelland vergleichbares Geflecht von Höfen, das im ostelbischen Raum eher eine Ausnahme darstellte. Man besaß Stadthöfe bzw. Häuser in Jüterbog, Treuenbrietzen, Strausberg, Berlin und Wittenberg.

Jüterbog war im Mittelalter eine bedeutende Fernhandelsstadt an der West-Ost-Route Magdeburg–Guben mit Verbindungen in die Lausitz, nach Schlesien, in den polnischen Raum und darüber hinaus. Der Zeitpunkt des Erwerbs von Grundbesitz in der Stadt Jüterbog durch das Kloster ist nicht genau nachweisbar; folgt man der oben dargestellten Gründungsintention, so muß dieser jedoch früher als bislang angenommen vermutet werden. 1221 wird bereits der Zins von Hofstätten in Jüterbog bestätigt, der Hauserwerb wird auf 1285 datiert, 1365 werden Haus und Hof von Abgaben befreit. Das heute noch erhaltene Gebäude des Stadthofes der Zinnaer Äbte in Jüterbog ist vor 1500 entstanden, vermutlich nach dem großen Stadtbrand von Jüterbog 1478.

In (Treuen-)Brietzen besaß das Kloster ein Haus, vermutlich vor 1300 erworben, vor 1480 wieder aufgegeben. Dies ist sicherlich aus handelspolitischen Erwägungen zu verstehen, verlief doch die Haupthandelsstraße von Berlin nach Wittenberg und in den Halle-Leipziger Raum über diese brandenburgische Stadt in Konkurrenz zu Jüterbog. Die Beziehungen zwischen Kloster und Stadt gestalteten sich jedoch kompliziert, da die Zisterze das Wasserbau- und Mühlenmonopol besaß.

Der Stadthof in Strausberg ist vornehmlich in Verbindung mit der Vermarktung des Rüdersdorfer Kalks und der landwirtschaftlichen Überschüsse der Barnimbesitzungen zu sehen. Stadt und Kloster

Aus der Geschichte des Klosters Schönau: Die weltlichen Schutzherren über dem Kloster mit drei Grangien. Interessant ist insbesondere die Darstellung der letzteren, allesamt umgeben von Weidenzäunen und mit verschiedenen Wirtschaftsgebäuden.

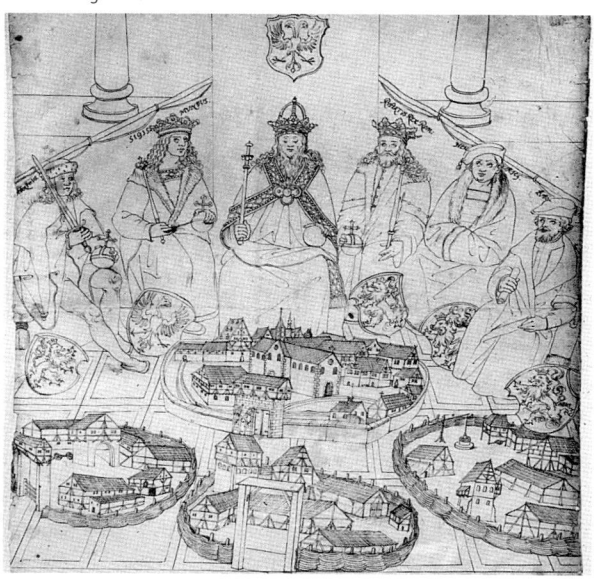

Der Jüterboger Stadthof des Abtes von Zinna, heute Heimatmuseum

scheinen eine beiden Seiten Vorteile gewährende Arbeitsteilung betrieben zu haben, indem das Brennen des Kalkes in einem stadteigenen Ofen betrieben wurde und das Kloster nur den Rohstoff lieferte. Die Verwaltung der Barnimbesitzungen erfolgte im 15. Jahrhundert von Klosterdorf aus.

Der Stadthof in Berlin, direkt am Stralauer Tor an der Spree gelegen, war für den dortigen Absatz sicherlich von besonderer Bedeutung, doch diente dieses Haus dem Abt auch häufig als Residenz bei den politischen Aufenthalten in Berlin.

Das Haus in Wittenberg ist erst sehr spät, 1502/04, belegt. Ob das Kloster jedoch besondere wirtschaftliche Beziehungen zu der Elbestadt entwickelt hat oder das Haus mit der Entwicklung der Universität in Zusammenhang stand, ist ungeklärt. Nur ein Zinnaer Student ist in Wittenberg nachweisbar, der spätere Abt Heinrich Greve, der 1520 dort promovierte und dessen Disputation unter Luthers Vorsitz stattfand.

Wachsende Bedeutung erhielt im Laufe des Mittelalters die Kredit- und Finanzwirtschaft. In Ermangelung eines funktionierenden Banksystems übernahmen die Klöster es gern, Städten, Adligen oder Fürsten Geld gegen beachtliche Zinsen zu leihen. Das Rathaus in Beelitz entstand auf Zinnaer Kredit.

Zusammenfassend ist festzustellen, daß wir über die Bedeutung von Kloster Zinna, die im ausgehenden Mittelalter primär auf politischem und wirtschaftlichem Gebiet gelegen hat, recht gut unterrichtet sind, Quellen zum geistlichen Leben des Klosters jedoch kaum vorliegen. Weder ist die Größe des Konvents für das 13. oder 14. Jahrhundert feststellbar, noch die Herkunft der in das Kloster Eintretenden.

Die Wallfahrtskapelle auf dem Golm

Eine weitere Einkommensquelle erschloß sich das Kloster mit der Errichtung einer Marienwallfahrtskapelle auf dem Berg Golm, der zweithöchsten Erhebung des Fläming, von dessen Gipfel bei klarem Wetter Berlin ebenso wie Wittenberg und Dessau zu erkennen sind. Die Kapelle ist urkundlich erstmals 1437 durch die auf dem Baseler Konzil erfolgte Erteilung eines vierzigtägigen Ablasses bezeugt. 1439 wird sie durch Erzbischof Günther von Magdeburg dem Kloster inkorporiert. In der Folge kam es zu Holzstreitigkeiten mit den Herren des benachbarten Dorfes Stülpe, die 1442 und 1472 von den Erzbischöfen zugunsten des Klosters entschieden wurden, 1494 aber in einem Vergleich endeten. Der Golm entwickelte sich zu einer gut besuchten Wallfahrtsstätte, und zu den Marienfesten sowie am Johannistag sollen Jahrmärkte auf dem Berg stattgefunden haben. Mit der Reformation sank die Bedeutung des Golm schnell, jedoch ist er in der Sage lebendig geblieben. So wird bis heute nicht nur von nachtaktiven Lüchtemännekins, feenhaften Jahrmärkten und einem vergrabenen Schatz, sondern auch von einem unterirdischen Gang zum Kloster erzählt. Der Berg liegt auf dem Grund einer ehemals militärisch genutzten Liegenschaft und war lange Sperrgebiet, ist nun aber wieder begehbar. Die Aussicht lohnt den Aufstieg.

Der Altaraufsatz der Golm-Kapelle befindet sich heute in der Dorfkirche zu Stülpe, deren 1496 gegossene Glocke ebenfalls von dort stammen soll.

Stülpe, Altarretabel der ehemaligen Wallfahrtskapelle auf dem Hohen Golm

Zinna und der Orden

Das Kloster Zinna war keines der großen Klöster des Ordens, war aber innerhalb der Region sowie im Rahmen des Generalkapitels von einiger Wichtigkeit. Zwischen 1195 und 1507 sind 26 Beschlüsse des Generalkapitels mit Nennung Zinnas nachgewiesen. Wie oft die Äbte das Kapitel tatsächlich besucht haben, ist daraus nicht ablesbar. Die Tatsache, daß mehrfach Zinnaer Äbte mit Reformaufgaben innerhalb der Ordensprovinz betraut wurden, deutet jedoch auf ein gutes Ansehen in Cîteaux.

Eine Tochtergründung ging von Kloster Zinna nie aus, lediglich für das Jahr 1480 ist die mit Lehnin und Dobrilugk gemeinsam erfolgte Entsendung eines Konvents in eines der darniederliegenden Klöster Ungarns belegt, die auf Bitten des Königs Matthias Corvinus erfolgte. Allerdings ist nicht bekannt, welches Kloster auf diese Weise besetzt wurde.

Der Abt von Zinna übte die Visitationspflicht über das Frauenkloster Marienkammer in Glaucha bei Halle aus, das gleichfalls eine Gründung Erzbischof Wichmanns war und seit 1231 dem Zisterzienserorden angehörte. Hier kam es 1451 zu Auseinandersetzungen mit dem Augustinerchorherren Johann Busch, der im Auftrag des Erzbischofs eine Reform des Klosters versuchte. Der Streit entzündete sich nicht an den Inhalten der Reformschritte Buschs, sondern an dem Umstand, daß er nicht dem Zisterzienserorden angehörte. Der Zinnaer Abt setzte sich durch, und aus der Folgezeit sind häufiger Visitationsurkunden überliefert.

Die Fresken der Abtskapelle

Wandmalereien waren in den Klöstern der Zisterzienser bis etwa 1300 verpönt. Als aber um 1435 die Abtei von Zinna errichtet wurde, versah man einen Kapellenraum mit Fresken, die eine Reihe von Heiligen darstellen, die mit dem Kloster bzw. dem Erzstift Magdeburg in Verbindung gebracht werden können.

Die Zinnaer Fresken sind aufgrund einer bereits um 1530 erstmals erfolgten Übermalung nur rund hundert Jahre sichtbar gewesen und haben in dieser Zeit keine Ergänzungen erfahren, so daß sich hier ein spätgotischer Figurenzyklus von engem Zusammenhang mit Kloster und Region erhalten hat. Die Stücke sind 1957 unter 15 bis 18 Farb- und Putzschichten entdeckt worden und wurden bis 1960 umfassend restauriert.

Rechts neben dem (um 1650 gebrochenen) Ostfenster findet sich eine Darstellung des heiligen Andreas, einer der zwölf Apostel Christi, am schrägen Kreuz. Zu seinen Füßen steht die Figur eines Mönches, der anhand des Stabs als Abt zu identifizieren ist. Ein Abt Andreas ist in Kloster Zinna im Jahr 1416 belegt. Wahrscheinlich ist er hier als Bauherr des Hauses oder Stifter der Fresken anzusprechen.

Im Uhrzeigersinn fortschreitend folgt dann die Hauptfigur des Raumes, eine Schutzmanteldarstellung der heiligen Ursula, zu der Kloster Zinna als Mitglied der Altenberger familia eine besondere Beziehung hatte. Ursula wurde im Kölner Raum als Ort ihres Martyriums besonders verehrt. Sie ist Kirchenpatronin des Altenberger Klosters. Die Darstellung erzählt ihre Geschichte: Die Krone deutet auf die bretonische Prinzessin, die drei Lilien auf den Schwur der Jungfräulichkeit, die Pfeile auf ihr Martyrium durch einen Hunnenangriff. Ursula beschirmt symbolisch die unter ihrem Mantel versammelte gesamte Menschheit – getrennt nach im Osten stehender Geistlichkeit und im Westen stehender Weltlichkeit – vor den drei Grundübeln Krieg, Hunger und Krankheit, die in der Dreizahl der Pfeile dargestellt sind.

Es folgt eine Darstellung des heiligen Sebastian, eines christlichen römischen Offiziers, der aufgrund seines Glaubens vom Kaiser verfolgt wurde. Er ist an einen Baum gebunden und wird von Pfeilen durchbohrt. Sebastian hat der Legende zufolge dieses Martyrium überlebt. Die Wahl Sebastians als Motiv zeugt von der Aktualität der Fresken in ihrer Zeit. Er ist der Schutzpatron gegen die Pest, die zum damaligen Zeitpunkt die Jüterboger Region wiederholt heimsuchte.

Eine Darstellung des heiligen Bernhard als zisterziensischem Schutzpatron darf nicht fehlen, hier typisch im Typus des gütigen Ordensvaters.

Die Beschädigungen an den Figuren Sebastian und Bernhard rühren von Umbauarbeiten 1945 her, als bei der Einrichtung eines Flüchtlingswohnheims im Gebäude eine Reihe von neuen Türöffnungen und auch Kaminrohrschächten gebrochen wurden.

Wandmalereien in der Abtskapelle

oben links:
hl. Andreas mit dem Zinnaer Abt Andreas (?)

oben rechts:
hl. Ursula als Schutzmantelheilige

unten links:
hl. Sebastian

unten rechts:
hl. Bernhard

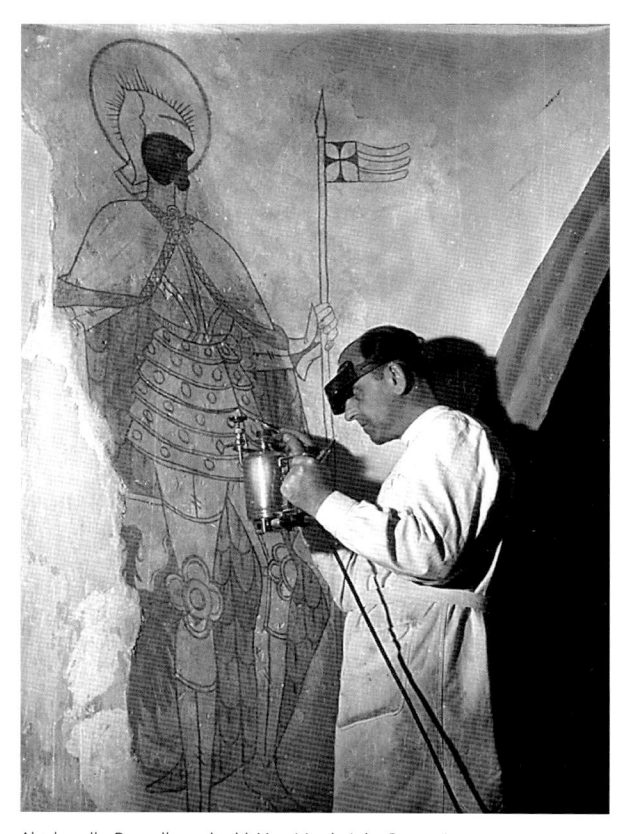

Abtskapelle, Darstellung des hl. Mauritius bei der Restaurierung vor 1960
Abtskapelle, Darstellung der hl. Anna selbdritt

Der farbige Ritter in der weißen Rüstung ist der heilige Mauritius, der Schutzpatron des Erzbistums Magdeburg. Er war Befehlshaber einer römischen Legion christlicher Ägypter, die aufgrund einer glaubensbedingten Befehlsverweigerung ihr Martyrium erlitt. Mauritius ist auch Schutzpatron der Soldaten.

Oberhalb der Tür findet sich eine qualitätvolle Darstellung der Gruppe Anna selbdritt, der Dreigenerationenfolge der heiligen Anna, die auf dem linken Arm ihre Tochter Maria und auf dem Rechten ihren Enkel Jesus Christus trägt. Die Tür war zeitweise der Hauptzugang zu diesem Raum, die Darstellung an dieser Stelle bedeutet vermutlich, daß der sie Durchschreitende in des Wortes wahrster Bedeutung unter dem Schutz dieser Drei aus dem Raum ging.

Die Reste von drei Weihekreuzen vervollständigen den Freskenschmuck des Raumes.

Mit der Abtsapelle ist untrennbar auch die populäre Legende des »Zinnaer Klosterbruders« – eines süßen Kräuterlikörs, dessen Kräuteressenzherstellung im Hospital zu besichtigen ist – verbunden. In der heute häufigen Verbindung alkoholischer Produkte mit Klöstern spiegelt sich eine spätere, primär protestantische Sicht des Lebens der Mönche, die sich weltlichen Genüssen durchaus nicht entzogen und sie im Gegenteil eher im Übermaß genossen hätten. Die Zinnaer Legende weist jedoch in eine andere Richtung:

> Ein Jüterboger Reitersmann,
> es ist schon lange her,
> der liebte, wie man nur lieben kann,
> die Tochter des Burgvogtes sehr.
>
> Sie konnte ja niemals sein eigen sein,
> darum wollt' er der Welt sich entziehn,
> er trat in das Zinnaer Kloster ein,
> hier sollte die Liebe verglühn.
>
> Um sie zu nutzen, die quälende Zeit,
> nahm er Farbe und Pinsel zur Hand
> und zierte in freudiger Emsigkeit
> mit heiligen Bildern die Wand.
>
> Und was er auch malte in mönchischer Pflicht
> an Engeln und heiligen Frau'n,
> in allem war das geliebte Gesicht
> des verlorenen Mädchens zu schaun.

Gewölbtes Erdgeschoß des Siechenhauses nach Südosten mit Ausstellung zur Kräuterlikörherstellung

Abt Nikolaus erkannte gar bald das Gesicht,
der weltlichen Sünde Modell,
und ließ es zerstören als Strafgericht,
der Mönch mußt' es tun auf der Stell'.

Drauf irrt er verzweifelt durch Wiese und Wald,
pflückt vielerlei duftendes Kraut,
er hofft auf die Wirkung der Drogen Gewalt,
auf den Tod durch den Trank den er braut'.

Der Trank aber machte ihn heiter und froh,
den er aus Kummer erfand,
und ist heute in Zinna und anderswo
als Klosterbruder bekannt.

Die Malereien im Obergeschoßsaal

Um 1490 werden zwei alttestamentarische Szenen aus den Kriegen des Volkes Israel gegen die Ungläubigen datiert, die hier als Allegorie auf die aktuellen Kriege der Christenheit gegen die Türken zu deuten sind. Sie befinden sich an der Wand des Obergeschoßsaals zur Kapelle und weisen einen sehr schlechten Erhaltungszustand auf.

Im Tympanon über dem Durchgang befand sich ein Christuskopf in Strahlenglorie, der bei einer Erhöhung des Türsturzes zerstört wurde. Die darüber dargestellten Wappen sind jene der Schutzherren

59

des Klosters Zinna, nämlich der Doppeladler des Kaisers und die gekreuzten Petrus-Schlüssel des Papstes. Die Tür war durch aufgemalte Architekturverzierungen besonders betont.

Linke Szene: Judit enthauptet Holofernes.

Der assyrische Feldherr Holofernes belagerte die Stadt Betulia. Judit geht in sein Lager, um die Belagerung zu beenden: »Nach diesem Gebet trat sie zu der Säule oben an seinem Bett und griff nach seinem Schwert, das dort hing, zog es heraus, ergriff ihn beim Schopf und betete abermals: Herr, Gott Israels, stärke mich in dieser Stunde! Darauf stach sie ihn zweimal mit ganzer Kraft in den Hals und schnitt ihm den Kopf ab. Danach wälzte sie den Körper aus dem Bett und nahm das Netz von den Säulen herunter. Kurz darauf ging sie hinaus und gab das Haupt des Holofernes ihrer Magd, damit sie es in einen Sack steckte.« *Judit 13, 7–10*

Letztere Szene ist an der Wand dargestellt. Eine weibliche Figur ist zu erkennen, der orange Fleck im Zentrum ist das Haupt des Holofernes.

Rechte Szene: Die Helden König Davids

»David aber war in der Bergfeste; und die Wache der Philister war damals in Bethlehem. Und David gelüstete es, und er sprach: Wer will mir Wasser zu trinken geben aus dem Brunnen am Tor in Bethlehem? Da brachen die Drei in das Lager der Philister ein und schöpften Wasser aus dem Brunnen am Tor in Bethlehem und trugen's und brachten's zu David. Er aber wollte es nicht trinken, sondern goß es aus für den Herrn als Trankopfer und sprach: Das lasse mein Gott fern von mir sein, daß ich solches tue und trinke das Blut dieser Männer, die sich der Gefahr ausgesetzt haben; denn sie haben das Wasser unter Lebensgefahr hergebracht. Darum wollte er's nicht trinken. Das taten die drei Helden.« *1. Chronik 11, 16–19*

Dargestellt ist die Szene, in der die drei Helden dem thronenden König den Kelch überbringen. Diese Szene ist übrigens der Hintergrund des deutschen Sprichworts »Er kann ihm nicht das Wasser reichen«.

Abtei, südöstlicher Saal im Obergeschoß (1665 als Tafelgemach bezeichnet) mit Resten spätgotischer Wandmalereien

Der Zinnaer Marienpsalter

Kloster Zinna erlangte über die Aspekte der Baukunst hinaus auch Bedeutung durch die Förderung des frühen Buchdrucks. Ob der »Zinnaer Marienpsalter« von 1492/93 tatsächlich im Kloster gedruckt wurde, was der auf dem Titelblatt zu finden Satz: »Typis claustri Tzennae ord. Cisterc.« nahelegt, oder der Druck von diesem lediglich finanziert wurde, ist letztlich unerheblich. Der Band nimmt unter den Druckwerken der Wiegendruckzeit durch seinen Reichtum an Abbildungen und das ausgewogene Satzbild eine besondere Stellung ein.

Der Marienpsalter ist eine außerliturgische Gebetsart, die sich im späten Mittelalter besonderer Beliebtheit erfreute. Sie bestand analog dem Psalmenbuch Davids aus 150 Gebeten zum Thema der Mutterschaft Marias.

Seite aus dem Zinnaer Marienpsalter

Seite aus dem Zinnaer Marienpsalter: Kaiser Friedrich III. übergibt seinem Sohn Maximilian das Reichsschwert

Der Zinnaer Psalter weist auf über 200 Seiten fast 500 Abbildungen auf, darunter zwei ganzseitige. Als Autor wird Hermann Nitzschewitz aus dem nicht weit entfernt liegenden Trebbin, kaiserlicher Kaplan und apostolischer Protonotar in Frankfurt/Oder, aufgeführt. Das Buch bringt die außerordentliche Marienverehrung der Zisterzienser in Verbindung mit dem Gedanken der Türkenabwehr, zu deren Unterstützung es gedruckt wurde. Darüber hinaus ist eine Verbindung zu den sich ab 1475 schnell ausbreitenden Gedanken der Rosenkranzbrüderschaft denkbar, die auf einer Episode des Entsatzes der belagerten Stadt Neuß beruhten. Der Druck belegt aber auch eine Beziehung des Klosters zum Kaiserhaus, die sich auch in der Gewährung der Druckgenehmigung und eines Druckkostenzuschusses geäußert haben soll.

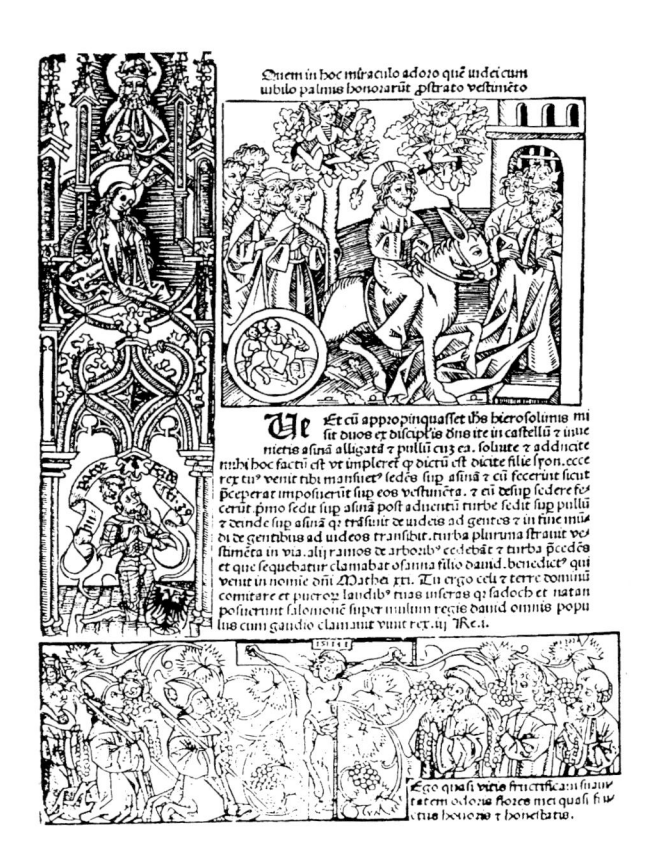

Marienverehrung – das Titelblatt des Marienpsalters

Der Titelholzschnitt zeigt die Jungfrau Maria von der Strahlenglorie und dem fünfteiligen Rosenkranz umgeben. Links unter der schwebenden Gottesmutter steht der alte Kaiser Friedrich III., auf der anderen Seite sein bartloser Sohn Maximilian, damals noch römischer König, beide in Rüstung, mit dem Reichsbanner im Arm, auf diesem der doppelköpfige Adler, und der Krone auf dem Haupt. Zwei nicht identifizierbare Ritter stehen auf gleicher Ebene. Die von ihnen gehaltenen Fahnen zeigen im gespaltenen Feld den brandenburgischen Adler und den pommerschen Greif, deuten also auf Gefolgsleute aus diesen Ländern. Kniend sind in Gebetshaltung abgebildet:

- Albert von Klitzing, Domherr in Magdeburg, von 1487 bis 1494 Domdechant des Metropolitankapitels, mit seinem Familienwappen (drei Tatarenmützen)
- Fürst Adolf von Anhalt, Dompropst des Magdeburger Kapitels, mit dem Anhaltiner Wappen
- Abt Nikolaus von Zinna, mit bischöflicher Mitra und Krummstab, davor das Wappen des Klosters, das in den durch ein Kreuz gevierteltn Feldern mit den Buchstaben M O R S eine Abtei aus der Filiation der Primarabtei Morimond verrät
- Ein unbekannter Zisterziensermönch.

Alle dargestellten Figuren halten einen Rosenkranz in Gebetshaltung.

Die von Ordensgründung an im Vordergrund stehende Marienverehrung führte zum Kapitelbeschluß von 1281, der Maria als Patronin des Ordens nennt und 1335 vorschreibt, daß jedes Konventsiegel ihr Bild tragen muß. Sie wird auch in einem Holzschnitt (1491, also zeitgleich zum Psalter in Dijon gedruckt) deutlich, auf dem sich Mönche und Nonnen unter dem schützenden Mantel der Gottesmutter versammeln.

63

Weitere Kunstzweige

Zwei weitere Kunstzweige erfuhren in den Zisterzen eine allmähliche Ausprägung: die Buchmalerei und die Glaskunst. In Zinna haben sich leider keine mittelalterlichen Zeugnisse davon erhalten. Die Fensterbilder stammen erst aus dem frühen 16. Jahrhundert.

Farbige Glasmalereien waren im Orden schon seit der Frühzeit strikt verboten. Glasscheiben sollten weiß und ohne figürlichen Schmuck sein, so bestimmten es die Statuten von 1134. Um dennoch Schmuckelemente in die Klöster zu bringen, wurde als Lösung das farblose Ornamentfenster, die Grisaille, entwickelt. Zwei Formen waren verbreitet: einfache geometrische Schlingmuster und Pflanzenornamentik. Ab 1300 ging man aber doch auch zu figürlichen und farbigen Mustern über.

Die Buchmalerei nahm eine ähnliche Entwicklung. In Cîteaux waren unter Abt Stephan Harding noch prächtige Handschriften entstanden, doch nach 1134 waren lediglich einfarbige Initialen erlaubt. Ab etwa 1250 wurde auch dieses Verbot zunehmend mißachtet.

Getreide schneidender Zisterziensermönch (Initiale)

Von einem dritten Kunstzweig, der Holzschnitzerei an Chorgestühlswangen, haben sich in Zinna dagegen einige Reste von sogar erstaunlicher Qualität erhalten. Sie lassen sich in das 3. Viertel des 14. Jahrhunderts datieren. Zum einen stehen drei mit Maßwerk verzierte Pultwangen in der südlichen Chorhälfte. Deren Reliefmedaillons stellen sitzende Propheten, die Verkündigung sowie die Auferstehung Christi dar. In der Nordhälfte befinden sich zum anderen zwei fast drei Meter hohe Pultwangen mit großformatigen Reliefs des Benedikt von Nursia und des Bernhard von Clairvaux.

Chorgestühlswangen in der Klosterkirche

Äußere Krisen und innerer Verfall

Im 15. Jahrhundert gerieten nicht nur die Städte und Dörfer durch die Pest in eine Krise, auch das Leben in den Klöstern entfernte sich immer mehr vom ursprünglichen Ordensideal.

Viele Abteien gerieten in wirtschaftliche und personelle Schwierigkeiten, oft fehlte der Nachwuchs, um Gottesdienste oder Ordensdisziplin aufrechtzuerhalten. Die Gebäude begannen zu verfallen. Aufgrund der schlechten finanziellen Situation wurde es immer schwieriger, die Kosten für an den Universitäten und Kollegien studierende Mönche aufzubringen. Der Orden versuchte durch veränderte Organisationsstrukturen, die stärker als zuvor an die lokalen Zusammenhänge angepaßt waren, diesem Verfall zu begegnen.

1422 wurde der Zinnaer Abt vom Generalkapitel mit der Reformierung der Klöster in der Ordensprovinz Magdeburg beauftragt. Über seinen Erfolg ist nichts überliefert. Ob diese Wahl allerdings darauf hindeutet, daß die Verhältnisse in Zinna regelgerechter waren als in anderen Klöstern, darf bezweifelt werden. Das Landbuch des Klosters von 1480 bietet für die Zinnaer Situation ein Fülle von Belegen: Die Fastenzeiten wurden nicht mehr streng beachtet, Fleisch bekam eine zunehmende Rolle in der Ernährung, Geldverkehr innerhalb des Klosters fand statt, kurz, es scheinen sich die Zeiten gehäuft zu haben, wo »man im refectorio eßens und drinckens halber ist frölich gewesen«.

Die Zinnaer Überlieferung wird mit dem Beginn des 15. Jahrhunderts dichter, und auch hier wird das Bild einer sich auflösenden Klosterordnung gezeichnet. Offensichtlich trugen dazu die regionalen Zeitläufte bei, die am Kloster nicht vorbeigingen. Ob Zinna durch den Streit zwischen Erzbischof Günther und Herzog Rudolf von Sachsen-Wittenberg, in dessen Verlauf 1406 bis 1409 der Herzog auch das Schloß von Jüterbog besetzte, in Mitleidenschaft gezogen wurde, ist nicht überliefert. 1413 und 1417 jedoch waren die Klosterdörfer und das Kloster selbst mehrfach Ziel von Überfällen durch räuberische Adlige, von denen Gans von Putlitz, Wichard von Rochow und Dietrich von Quitzow in den Quellen namentlich erwähnt werden. Der angerichtete Schaden hat dem Reichtum der Abtei jedoch keinen Abbruch tun können. Auch die Hussitenfurcht wird im Kloster ihren Niederschlag gefunden haben.

Abdruck des Zinnaer Siegels, um 1490

Reformation – Auflösung

Mit der Herausbildung der frühmodernen Territorialstaaten gerieten die Klöster zunehmend mit weltlichen Gewalten in Konflikt, die dem Klostervogt die Gerichtsbarkeit bestritten oder Steuern von den Abteien forderten. Diese von außen herangetragene Gefahr und nicht der Sittenverfall war es schließlich, die das Ende der Klöster in Nordostdeutschland besiegeln sollte. Als nämlich nach 1517 der Wittenberger Universitätslehrer Martin Luther mit radikalen Forderungen zur Erneuerung der Kirche hervortrat, betrafen seine Ideen auch die Klöster. Glauben müsse sich im Alltag, in der Familie und der Berufswelt bewähren, nicht nur in der besonderen Situation eines Klosters.

Das Ende der Zisterzen kam, als die Fürsten Luthers Glaubensideen aufgriffen und Protestanten wurden. In Brandenburg blieb kein Zisterzienserkloster bestehen. In Sachsen überlebten die Klöster Neuzelle, Marienthal und Marienstern, da sie der böhmischen Kongregation angehörten und deren Schutz genossen.

Die Reformation beendete das klösterliche Leben in der nur 40 Kilometer von Wittenberg entfernten Zinnaer Region schnell, auch wenn die komplizierten Magdeburger Verhältnisse dem Kloster im Vergleich mit jenen auf dem Gebiet des Kurfürstentums Brandenburg eine Gnadenfrist von etwa zehn Jahren einräumten.

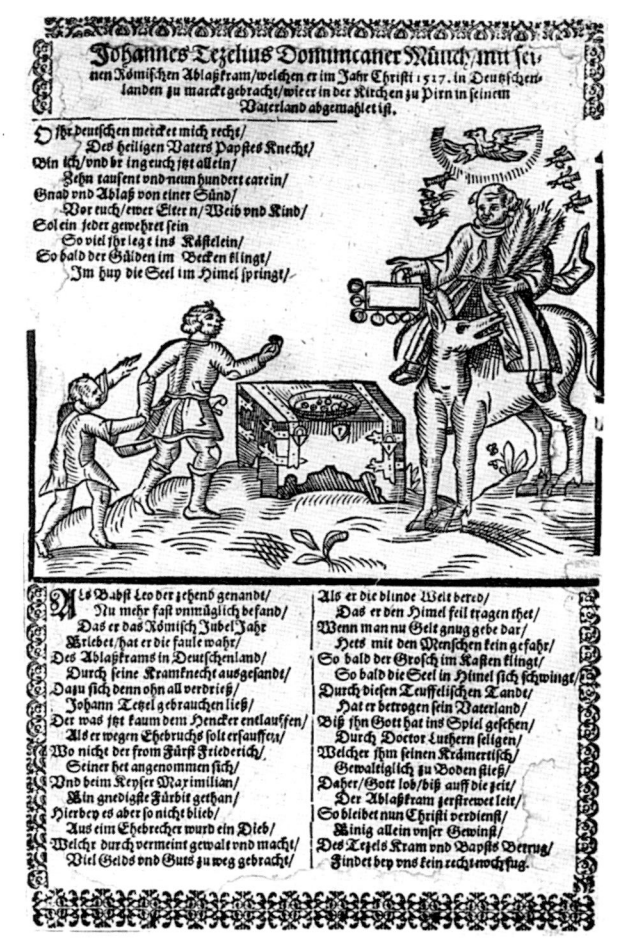

Erregte Martin Luthers Unwillen: Johann Tetzel mit seinem Ablaßkasten

1536/37 wurde mit Heinrich Greve ein Abt gewählt, der offen dem neuen Glauben anhing, was auf eine reformationsfreundliche Mehrheit im Konvent schließen läßt. Austritte aus dem Kloster häuften sich. Ab 1539 war das magdeburgische Land Jüterbog ganz von lutherischen Territorien umgeben, auch die Stadt stand der Reformation freundlich gegenüber. Es mußte im Interesse des Erzbischofs sein, wenigstens im Kloster ein Bollwerk des katholischen Glaubens zu besitzen. Im Oktober 1539 wurde Greve gefangengesetzt und seines Amtes enthoben. Die Urkunden des Klosters wurden inventarisiert und dem Zugriff des neuen Abtes entzogen.

Der Konvent hatte nun nur noch die Mindestzahl von zwölf Brüdern. Die Wirtschaft geriet ins Stocken, die Bauern verweigerten teilweise ihre Abgaben, die Räuberbande des Hans Kohlhase trieb ihr Unwesen. Die Ordnung im Kloster verfiel schließlich gänzlich.

1547 sah sich Erzbischof Johann Albrecht zum Eingreifen gezwungen. Er kam im Juni selbst nach Zinna, setzte den Abt gefangen, nahm die Urkunden und Kleinodien des Klosters in seine Verwahrung und versuchte ein letztes Mal, die alte Ordnung wiederherzustellen, indem der aus dem aufgelösten Kloster Lehnin gekommene Subprior Valerian dem Konvent als Abt aufgezwungen wurde. Es half nicht mehr. 1553 verließ der Abt, wohl aus freien Stücken, das Kloster. Ob Mönche in Zinna zurückblieben, ist nicht überliefert. Der Jüterboger Hauptmann Lippold von Klitzing übernahm die Verwaltung des Besitzes im Lande Jüterbog als erzbischöfliches Tafelamt. Den Barnimbesitz für das Erzstift zu erhalten, gelang dagegen nicht. Aus ihm wurde bereits 1553 das kurfürstlich brandenburgische Domänenamt Rüdersdorf.

Ruinen der ehemaligen Zisterzienserklöster in Zehdenick und Lindow

Nachreformatorische Gebäudenutzungen

Die Abtei wurde als repräsentativster Bau der Anlage zur Residenz der Erzbischöfe (bzw. nach ihrem Übertritt zum Protestantismus 1567 der Fürstadministratoren) bei ihren Besuchen im Land Jüterbog. Daran änderte auch die Reformation nichts. Ihr Schloß in Jüterbog nutzten sie schon seit 1449 nicht mehr, es war Sitz des dortigen Hauptmanns sowie Gefängnis geworden.

Das Siechenhaus wurde zum Sitz des Amtshauptmanns, seines Stellvertreters, des Amtsschreibers (seit 1678 Amtmann), der dem Justizamt vorstand, und des Kornschreibers (ab 1678 Oeconomie-Amtmann), der das Rentamt leitete. Lediglich Teile des südlich der Klausurgebäude im Bereich der heutigen Jüterboger Straße gelegenen Wirtschaftshofs waren 1695 bereits verfallen.

Bis 1628 kamen die Administratoren stets aus dem Hause Hohenzollern, so daß auch häufig brandenburgische Familienangehörige in Zinna weilten. 1576 starb eine Tochter des Administrators Joachim Friedrich in Zinna, die von Jüterboger Schülern bestattet wurde. Am 2. November 1591 berieten hier der Kurfürst Johann Georg von Brandenburg, Administrator Joachim Friedrich und die Herzöge Johann von Weimar und Friedrich Wilhelm I. von Altenburg über die notwendig gewordene Vormundschaft der Söhne des verstorbenen sächsischen Kurfürsten Christian I., deren Mutter eine Tochter Johann Georgs war.

1606 war Zinna Sitz des vor der Pest hierher geflüchteten Domkapitels von Magdeburg.

Der unglückliche Markgraf Christian Wilhelm

1598 wurde der Fürstadministrator Joachim Friedrich Nachfolger seines Vaters als Kurfürst von Brandenburg, und es gelang ihm, seinen sechsjährigen Sohn Christian Wilhelm in Magdeburg als Fürstadministrator durchzusetzen.

Christian Wilhelm war häufig in Zinna, seine Gemahlin Dorothea, eine Schwester Christian IV. von Dänemark, blieb während des Dreißigjährigen Krieges bis zu ihrem Tod (1643) hier wohnen. Zeitweilig war sie in Gesellschaft der Frau des Schwedenkönigs

Christian Wilhelm von Brandenburg

Gustav II. Adolf, Marie Eleonore, einer Tochter des brandenburgischen Kurfürsten Johann Sigismunds.

Die mitteldeutschen Territorien versuchten zu Beginn des Krieges neutral zu bleiben, doch das gemeinschaftliche Handeln des Dänenkönigs und seines Schwagers Christian Wilhelm zogen das Erzstift tief in die Kriegswirren hinein. Das Domkapitel erklärte Christian Wilhelm daraufhin 1628 für abgesetzt und setzte einen Sohn des sächsischen Kurfürsten, Prinz August, als Gegenadministrator ein. Christian Wilhelm aber erschien 1631 in Magdeburg, kämpfte in der Belagerung der Stadt und wurde nach ihrer Einnahme als Gefangener nach Wien verbracht, wo er zum katholischen Glauben konvertierte und in der Folge zwei Mordanschlägen entging.

Im Prager Frieden 1635 und erneut im Westfälischen Frieden 1648 wurde er seines Administratorenamtes für verlustig erklärt und dieses August von Sachsen zugesprochen, nach dessen Tod jedoch das nunmehrige Herzogtum Magdeburg an Brandenburg fallen sollte. Ein Teil des alten Landes Jüterbog aber fiel an das Herzogtum Sachsen-Weißenfels, neben dem Amt Jüterbog auch das Amt Dahme. Diese Teilung hatte zur Folge, daß die bisher staatsrechtlich unbedeutende Grundbesitzgrenze des Amtes Zinna in ihrem südlichen Verlauf zur Staatsgrenze Brandenburg-Preußens mit den sächsischen Herzogtümern wurde. Dieser Fall trat 1680 ein.

Während des Krieges selbst wurde kurzfristig noch einmal ein Anlauf zur zisterziensischen Wiederbegründung des Klosters unternommen. Der Abt des Klosters Kaisheim brachte Zinna als kaiserlicher Kommissar wieder zum Orden und erhielt das jus paternitatis, jedoch wurde dieser Versuch durch die Bestimmungen des Friedensschlusses 1648 unterbunden. Inwieweit eine Neubesiedelung tatsächlich erfolgt war, ist bislang nicht zu klären.

So wurde Zinna 1648–65 faktisch zum Zentrum eines katholischen Kleinstaats, denn der abgesetzte Christian Wilhelm wurde mit den magdeburgischen Ämtern Zinna und Loburg abgefunden und nahm mit seiner zweiten Frau, der böhmischen Gräfin Barbara Eusebia von Martinitz, und einem Hofstaat von angeblich hundert Böhmen seinen Wohnsitz in den Gebäuden des Klosters. Auch seine dritte Frau, Maximiliane von Salm-Neuburg, die er 1657 geheiratet hatte, lebte hier mit ihm. Da Christian Wilhelm völlig mittellos aus Krieg und Gefangenschaft zurückkehrte und ihm seine streng protestantische Familie jede Hilfe versagte, wird Zinna kein Prunkhof gewesen sein. Christian Wilhelm von Brandenburg verstarb am 11. Januar 1665 kinderlos. Sein Herz und die Eingeweide wurden vor dem Altar der ehemaligen Klosterkirche in Zinna, sein Körper aber in Zerbst begraben.

Der Zinnaer Münzfuß vom 1667

Der Reichstag scheiterte nach den dreißig Jahren Krieg an der Lösung der Probleme der Münzpolitik.

Anläßlich eines Fürstentreffens vom 23. bis zum 27. August 1667 zwischen dem »Großen Kurfürsten« Friedrich Wilhelm von Brandenburg und dem sächsischen Kurfürsten Johann Georg II. in Zinna wurde neben einer Neutralitätserklärung Sachsens bezüglich der Feldzüge des französischen Königs Ludwig XIV. auch ein Münzvertrag unterzeichnet. Dieser Zinnaer Münzfuß sah vor, nunmehr 10½ statt der bisherigen 9 Taler aus der feinen Mark Silber zu prägen. Diese reine Rechnungseinheit (ausgeprägt wurden nur ⅓ und ⅔ Taler) verbreitete sich schnell über ganz Norddeutschland und legte den Grundstein für eine einheitliche Münzregelung in den unterschiedlichen Territorien des Reichs.

1690 wurde sie vom Leipziger Münzfuß abgelöst.

Preußisches Domänenamt

Als der Administrator August von Sachsen 1680 starb, griff eine Bestimmung des Westfälischen Friedens, die die Teilung des Landes Jüterbog zwischen Brandenburg und Sachsen vorsah. Das Amt Zinna fiel an Brandenburg, Jüterbog und die Höhenrücken des niederen Fläming wurden sächsisch. Der Grenzverlauf um Zinna wurde durch die Nuthe markiert.

Die Abtei wurde weiterhin gelegentlich von den Kurfürsten, später Königen zu Jagd- oder Reiseaufenthalten genutzt. 1709 trafen sich die Könige Dänemarks, Polens und Preußens in der Abtei, um die Konsequenzen der Niederlage des Schwedenkönigs Karls XII. bei Poltawa zu diskutieren. Im Januar 1732 übernachtete die Schwester Friedrichs des Großen, Wilhelmine, nunmehrige Prinzessin von Bayreuth, auf dem Weg in ihre neue Heimat hier. Zinna lag eine Tagesreise von Potsdam entfernt und war die südlichste Hohenzollernresidenz vor der sächsischen Grenze.

Die ehemaligen Klosterbesitzungen im Land Jüterbog wurden brandenburgisches Domänenamt, der Amtmann bezog seine Diensträume im Gästehaus vor der Abtei.

Die übrigen Klosterbauten drohten nun zunehmend zu verfallen, begründet nicht zuletzt durch den einsetzenden Gebrauch als Steinbruch. Im Jahr 1730 ließ beispielsweise der damalige Amtmann, Johann Justus Vieth von Golßenau, dessen Amtsführung schon 1716 Beschwerden beim König provozierte, die Grabsteine der Äbte aus der Klosterkirche entfernen, um sie als Fundamentsteine beim Schloßbau in Golßen einzusetzen.

Die umliegenden Flächen der ehemaligen Grangie Kaltenhausen wurden als Pachtgut ausgegeben.

Von 1656 bis 1706 war ununterbrochen Johann Jacob von Craatz Pächter, dessen Epitaph in der Klosterkirche zu den qualitätvollsten Beispielen des brandenburgischen Barocks zählt.

In der Folge wurde das Gut dann an verdiente Militärs verliehen, ehe es 1825 in die Hand der Familie Bohnstedt kam, die es 1832 kaufte. Die Bohnstedts errichteten eine typische ostelbische Gutswirtschaft, teilweise gestützt auf polnische Saisonarbeiter, deren Wohnhäuser (»Schnitterhäuser«) sich am nördlichen

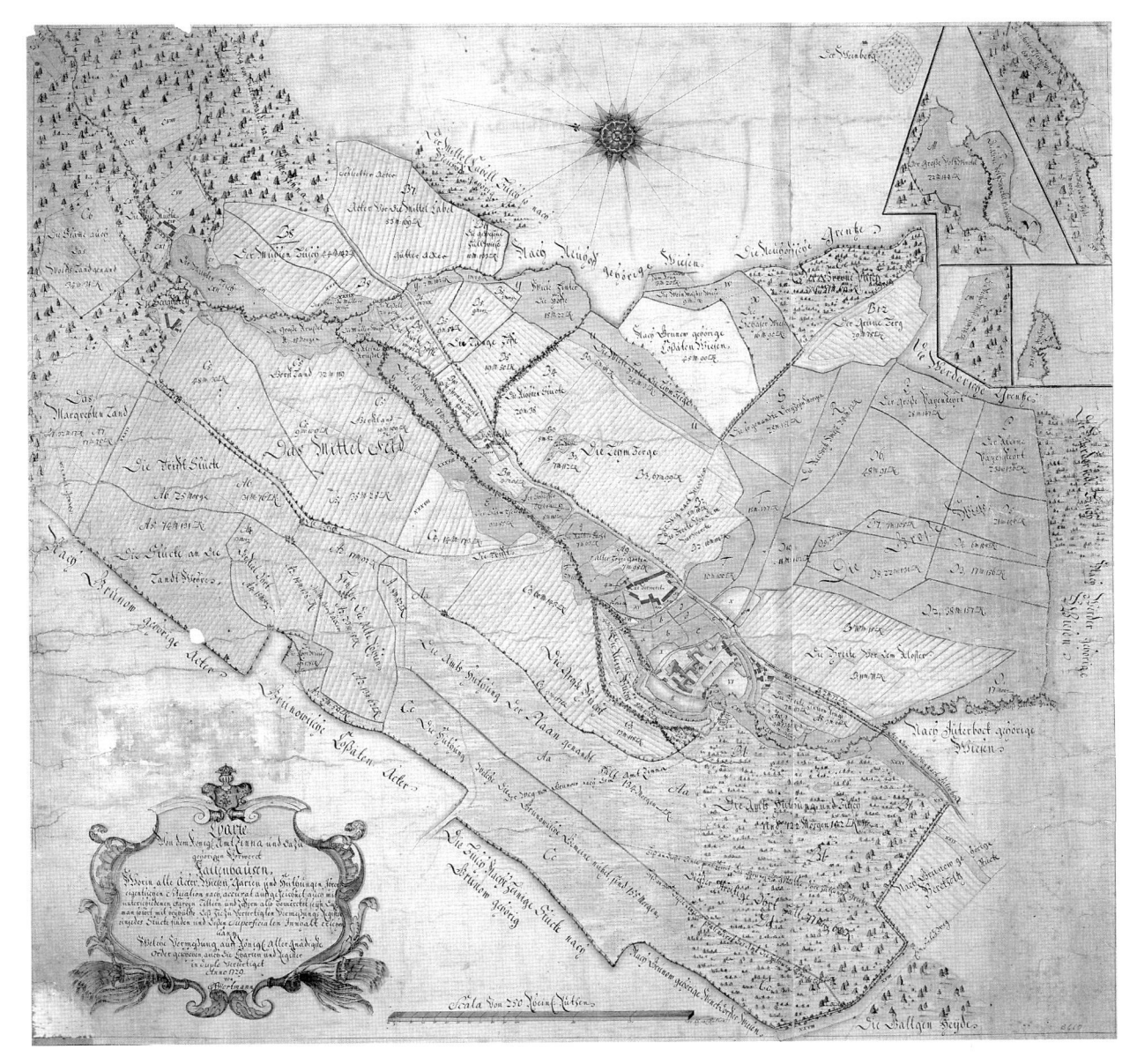

Plan des Amtes Zinna, 1729

Ortseingang erhalten haben. 1904 wurde das heute noch dominante Gutshaus in neobarockem Stil erbaut. Das Gut wurde 1945 durch die sowjetische Militäradministration enteignet, 1946 an die Deutsche Saatgutgesellschaft übergeben und 1950 volkseigenes Gut. Das VEG Kaltenhausen wurde die größte Rinderzuchtanlage des Bezirkes Potsdam, aber auch sie ging 1990/91 aufgrund der Zwänge der EG-Agrarrichtlinien unter. Das Gutshaus wird seit 1946 als Schule genutzt, der alte Wirtschaftshof sucht nach der Klärung von Restitutionsansprüchen immer noch nach einer Nutzung.

Friedrich der Große

Mit dem Namen des Preußenkönigs Friedrich des Großen sind in Kloster Zinna zwei Ereignisse von überregionaler Bedeutung verbunden.

Friedrich hatte bereits kurz nach seinem Regierungsantritt 1740 Krieg gegen Österreich-Ungarn geführt und die Provinz Schlesien erobert. Auch ein erneuter Kriegszug 1744/45 bestätigte ihn in diesem Besitz.

1756 hatte sich die politische Situation Europas gewandelt. Um dem Angriff einer russisch-österreichisch-französischen Allianz zuvorzukommen, eröffnete der Preuße am 29. August jenes Jahres mit der Einnahme der sächsischen Stadt Jüterbog den Siebenjährigen Krieg. Erst in Jüterbog erfolgte dann die Kriegserklärung. Vermutlich haben Teile der Berliner Garnison die preußisch-sächsische Grenze auf der Nuthebrücke beim Kloster Zinna überschritten.

Sieben Jahre später hatte allein die Kurmark Brandenburg 50 000 Menschen verloren, und der König sann nach Möglichkeiten, um durch neu zuziehende Einwohner die Wirtschaftskraft des Landes zu heben.

Eine dieser Möglichkeiten bestand in der Gründung neuer Ortschaften, in denen man unbehindert von neidischen Alteingesessenen Ansiedlungsbedingungen schaffen konnte, die Handwerker aus entfernten Gebieten zum Umzug reizen würden. Als ein solcher Ort war Stadt Zinna vorgesehen.

Da Friedrichs ästhetische Vorlieben anders aussahen, hatte er persönlich wohl kein Problem, die als Rathaus der neuen Stadt vorgesehene Abtei freizuziehen. Für seine Zwecke wurde im einzig repräsentativen Neubau, der Försterei am Marktplatz, ein Zimmer hergerichtet, wo er auch mehrfach zur Aufsicht über die Bauarbeiten weilte. Die dort verarbeiteten wertvollen Rokoko-Tapisserien befinden sich heute im Museum Schloß Friedrichsfelde in Berlin.

An die Rolle des Königs als Gründer der Siedlung erinnert bis heute sein Denkmal auf dem Marktplatz, vor der ehemaligen Försterei. Es handelt sich um eine 1994 aufgestellte verkleinerte Kopie des 1864 errichteten zwei Meter großen Originals, das 1949 trotz Protesten aus der Einwohnerschaft zerstört wurde.

Kolonisten. Zeichnung von Adolf von Menzel

Marktplatz von Zinna mit Denkmal Friedrich II. und Försterei

Häuser der Weberstadt

Die Gründung der Weberstadt

1764 wurde auf Anordnung Friedrichs des Großen mit dem Bau einer Siedlung von 84 Doppelhäusern und einem Einfamilienhaus begonnen. Die Wahl des Ortes war politisch motiviert. Zwar war die nach Süden führende Straße nicht mehr von der Bedeutung wie im Mittelalter, doch war sie immer noch eine der Hauptausfallrouten aus Berlin in Richtung Leipzig. Die Stadt wurde genau auf die preußisch-sächsische Grenzlinie projektiert. Es ging darum, durch ein blühendes Gemeinwesen attraktiv für Zuzug aus dem sächsischen Jüterbog zu werden.

Baumaterial lieferten Teile der Klosteranlage. Dabei wurde weit mehr abgerissen, als auf dem Bauplan des Architekten Christiani vorgesehen war. Ob es sich um eine bewußte Planänderung oder um Veruntreuung von Baumitteln handelte, war bislang nicht sicher zu klären. Der Volksmund in Zinna kennt jedenfalls Geschichten vom Zorn des Königs über die unredlichen Abrechnungen von Pächter und Architekt.

Der streng geometrische Plan der Siedlung, die auf einem viereckigen Grundriß ein Straßenkreuz mit einem achteckigen Marktplatz im Zentrum aufweist, war 1777 vollendet und ist auch heute noch unzerstört erhalten. Der erste Bauabschnitt war sofort voll besiedelt, da die Ansiedlungsbedingungen günstig waren und wohl auch eingehalten wurden.

Die Häuser wurden den Kolonisten mitsamt dem Grund und Boden geschenkt, dazu gab es Gartenland und Wiese. Die Umzugskosten wurden voll ersetzt, 50 Taler (das halbe Jahresgehalt eines Maurers)

Bauplan der Stadt Zinna, 1764 (sog. Christiani-Plan). Der Plan ist geostet, die ehemalige Klosteranlage befindet sich links unten.

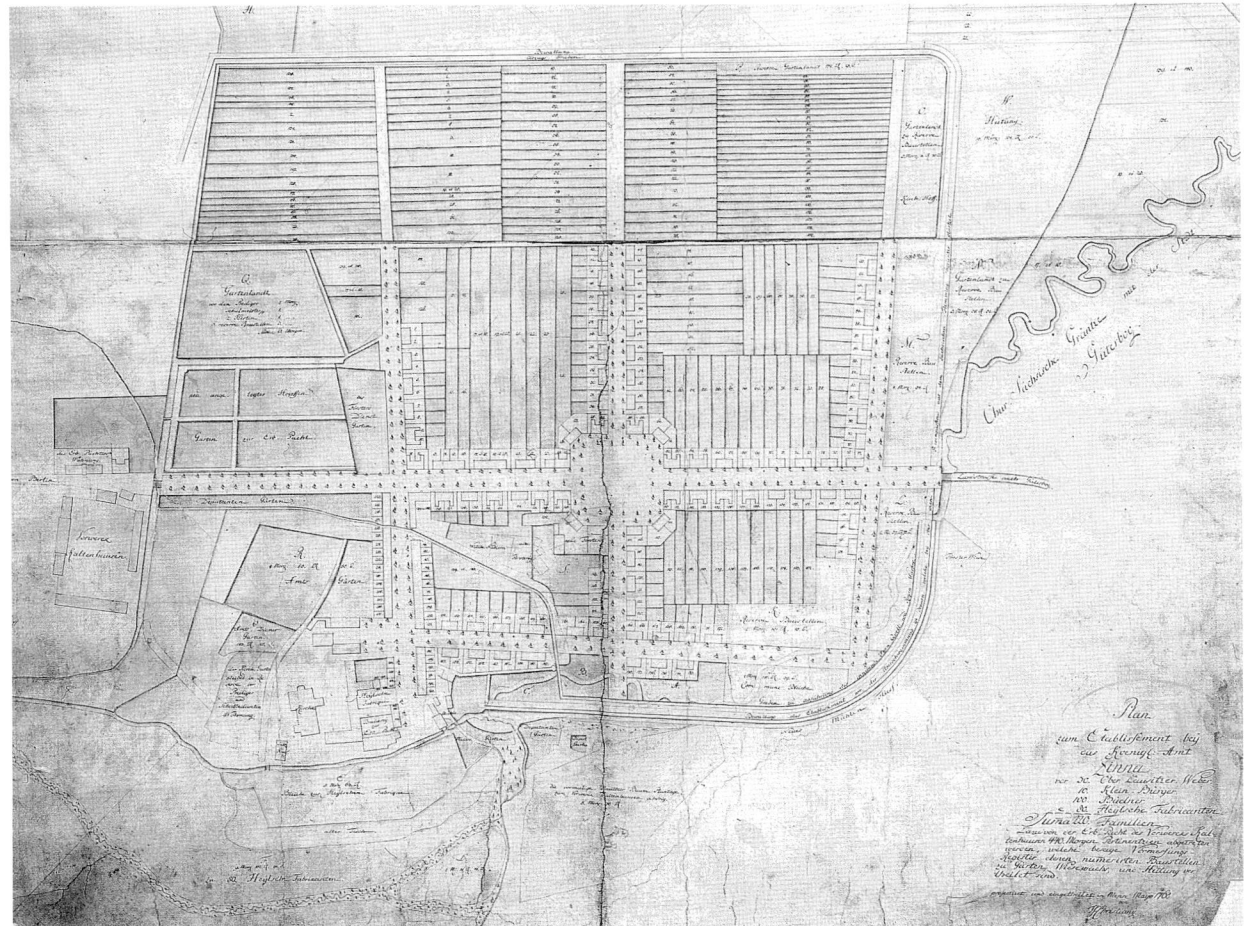

Einrichtungsgeld bar auf die Hand gezahlt und absolute Steuerfreiheit für zehn Jahre gewährt. Dazu kam noch die Befreiung vom Militärdienst für drei Generationen. Die einzig zu erfüllende Auflage war die Nichtteilung des Erbes über drei Generationen, was bei den kleinen Weberhäusern nicht schwierig war. Jedoch galt in Stadt Zinna nicht das Ältestenerbrecht, sondern der Vater hatte den Nachkommen auszuwählen, der den Webstuhl am besten beherrsche.

Die Klosterkirche, bereits seit 1553 und auch zu Zeiten Christian Wilhelms nach Ausweis der Kirchenbücher protestantisch, wurde Pfarrkirche des Ortes, die Verwaltung von Amt und Ort blieb in den Abteigebäuden.

Handwerkerleben und Kriegsfolgen

1769 wurde die Weber-Innung Zinna, die Vereinigung der selbständigen Handweber, und 1779 die Brüderschaft der Webergesellen Zinna gegründet, beide zur gegenseitigen materiellen Unterstützung im Krankheits- und Todesfall, aber auch als Zentren des gesellschaftlichen Lebens. Insbesondere die Weberfastnachten begründeten eine Festtradition, die sich bis heute erhalten hat.

Im Jahr 1801 schien das Gemeinwesen auf einer gesicherten Grundlage zu stehen. 1045 Einwohner waren ansässig, die im wesentlichen von der Kattunfabrikation, Baumwollspinnerei, Leinweberei und Handarbeiten lebten. Auch Seidenraupenzucht ist in gewissem Umfang belegt, und bis in die 1950er Jahre hinein waren an der Nuthe noch zu Hecken beschnittene Maulbeerbäume anzutreffen, die am Ende des 18. Jahrhunderts wohl zugleich die Grenzlinie nach Sachsen markierten.

Doch schon 1781 war eine Entwicklung eingeleitet worden, die den weiteren Ausbau Zinnas verhindern sollte: Geraer Zeugmacher wurden nach einem großen Brand in ihrer Heimatstadt in Luckenwalde angesiedelt, es entstand in der Folge die modernste Wollmanufaktur Preußens, die den Grundstein für die Industrialisierung Luckenwaldes legte. An Stadt Zinna ging die Industrialisierung hingegen vorbei.

Die Weltpolitik streifte den Ort noch einmal 1806 und 1813, als französische und russische Truppen in der Stadt einquartiert wurden. 1806 übernachtete der französische Marschall Davout, nach der siegreichen Schlacht bei Auerstedt auf dem Marsch nach Berlin, im Gebäude der Oberförsterei am Markt. Am 6. September 1813 wurde keine acht Kilometer südlich, bei Dennewitz, in einer blutigen Schlacht der letzte Versuch der Napoleonischen Truppen zunichte gemacht, auf Berlin vorzustoßen.

Die sächsische Provinz Jüterbog wurde 1815 als Folge des Wiener Kongresses preußisch, die alten magdeburgischen Territorien also wiedervereint. Stadt Zinna hatte sich unterdessen vom Grenzhandel und einem wohl nicht unbedeutenden Schmuggel recht gut ernähren können; diese Möglichkeit fehlte nun. Trotzdem überwog die Siegesfreude; an sie erinnern die 1815 gepflanzten Siegeseichen auf den Dorfangern der ehemaligen Grenzorte oder, wie in Zinna, auf dem Marktplatz.

Um diese Zeit bezog das Dichterehepaar Achim und Bettina von Arnim das Gut Wiepersdorf, 20 Kilometer südwestlich von Zinna, um dort günstiger als in Berlin zu leben.

Weberschicksal

Der wirtschaftliche Rückstand der Handwebersiedlung nahm während des 19. Jahrhunderts zu. Einzelne Weber gingen um 1870 mit ihren Produkten in der Schubkarre zu Fuß bis nach Berlin, um die Ware abzusetzen. Dennoch blieb die Handweberei neben einigem Kleinhandwerk vorrangige Erwerbsquelle der Bewohner des 1902 offiziell von »Stadt Zinna« in »Kloster Zinna« umbenannten Gemeinwesens.

1919 änderte sich das Leben im Ort. Es entstand auf Initiative zweier jüdischer Berliner Unternehmer eine Plüschweberei, die erstmals einen bescheidenen Wohlstand in den Ort brachte. Das Unternehmen hatte ein sehr deutsches Schicksal: 1937 unter dem Druck der NS-Rassengesetze arisiert und mehr schlecht als recht über den Zweiten Weltkrieg gerettet, wurde es 1948 erneut enteignet und Volkseigentum, zuletzt als »VEB Plüsch- und Möbelstoffweberei Hohenstein-Ernstthal, Werk 2 Karl-Marx-Stadt, Produktionsstätte Kloster Zinna«. In der DDR Musterbetrieb mit überwiegender Produktion für den Export ins »kapitalistische Ausland«, überlebte die Firma die Wende 1990 nicht.

Abtei und Siechenhaus, 1950er Jahre. Deutlich sind die zu Toren umgebauten Fenster im Erdgeschoß des Siechenhauses zu erkennen, ebenso die verkleinerten Wohnungsfenster der Abtei.

1998 ist dafür die Tradition der Handweberei nach Kloster Zinna zurückgekehrt. Im ehemaligen »Fabriquanten-Haus« am Ortsausgang nach Jüterbog besteht eine arbeitende Weberwerkstatt, deren Besichtigung sich lohnt.

Die Klostergebäude im 19. und 20. Jahrhundert

Der Erhalt der Gebäudegruppe um die Abtei ist einer Reihe von Zufällen zu verdanken, wobei mangelnden finanziellen Möglichkeiten nicht die geringste Bedeutung zukommt.

Nachdem bereits ab 1790 absehbar war, daß eine weitere Entwicklung der Stadt Zinna nicht sinnvoll sein würde, galt die Idee der Abtei als repräsentatives Rathaus als überholt. Stattdessen wurde eine Nutzung als Manufakturgebäude Realität, denn an den hier zugänglichen Handwebstühlen konnten die nicht erbberechtigten Kolonistenkinder ihr Brot erwerben.

Diese Nutzung wurde 1882 zugunsten des Umbaus in ein Mietwohnungshaus aufgegeben, um der Kommune Einnahmen zu verschaffen. Insbesondere der Einbau einer Ofenheizung griff brutal in die Gebäudesubstanz ein.

Von 1934 bis 1943 war das Haus Wohnheim des weiblichen Reichsarbeitsdienstes, ehe für zwei Jahre die Wehrmacht einrückte. Im Anschluß an den Zweiten Weltkrieg diente es dann für annähernd zehn Jahre als Flüchtlings- und Umsiedlerwohnheim.

1955 begann die Wiederherstellung der mittelalterlichen Hülle durch das Institut für Denkmalpflege der DDR. Der Rückbau wurde im wesentlichen bis 1964 abgeschlossen. Seit 1956 dient das Gebäude als Museum Kloster Zinna.

Das vorgelagerte Siechenhaus mit dem Uhrenturm blieb Gefängnis, Sitz der Domänen-, später Ortsverwaltung. Zeitweise war im Erdgeschoß die Feuerspritze untergestellt. Die Kirchgemeinde nutzte Räume, und auch hier wurden Wohnungen eingebaut. Anschließend wurden die Erdgeschoßräume wieder als Abstellkammer gebraucht. Seit 1997 ist die Kräuteressenzherstellung des Likörs »Zinnaer Klosterbruder« hier beheimatet.

Die Abtsküche von ca. 1500 ist das älteste genutzte Pfarrhaus in Brandenburg und Sitz der evangelischen Kirchgemeinde.

Ein Teil des Westbaus der Klausur, der als Brauerei genutzt wurde, brannte 1872 ab. Er wurde nicht wieder aufgebaut. Im anschließenden heute Konversenhaus genannten Teil befindet sich der Kirchgemeinderaum, in dem im Winter Gottesdienst gehalten wird.

Die Klosterkirche war 1897/98 in traurigem Zustand, als die Kaiserin Auguste Victoria 3000 Taler für die Neuausmalung stiftete. Seitdem ist eine vollständige Innenraumfassung nicht mehr erfolgt. In den vergangenen Jahren sind mit großem Aufwand Dach, Fassade und Orgel restauriert worden. Sie dient weiterhin als protestantische Pfarrkirche und wird auch für Konzertveranstaltungen genutzt.

Ein einmaliger Ort

Kloster Zinna ist im heutigen Land Brandenburg einmalig durch das bis heute nachvollziehbare räumliche Zusammentreffen der beiden Hauptströmungen brandenburgischer Geschichte: Die sich in den Klostergebäuden repräsentierende hochmittelalterliche deutsche Ostsiedlung mit ihren eindrucksvollen Staffelgiebeln und der wie für die Ewigkeit gebauten Kirche wird kontrastiert durch die kleinen und schmucklosen preußischen Weberhäuser des 18. Jahrhunderts, die sich in seltener Geschlossenheit erhalten haben. Steht man in der Mitte der Jüterboger Straße, inmitten der schlichten preußischen Weberkolonie, und blickt auf die gotische Pracht der Abteigebäude, so wird auch heute noch bewußt, daß an diesem Ort zwei Lebensvorstellungen aufeinandertrafen, die verschiedener nicht hätten sein können.

Empfehlenswerte Literatur

Die Literatur zum Zisterzienserorden füllt ganze Bibliotheken. Hier daher nur einige ausgewählte Leseempfehlungen, die auch Zugang zu weiterer Literatur bieten.

Die im Lukas Verlag erscheinenden »Studien zu Kunst, Kultur und Geschichte der Zisterzienser« haben mittlerweile 14 Bände erreicht und publizieren primär Ergebnisse jüngerer Wissenschaftler, insbesondere zu den ostelbischen Zisterzen. Die verfügbaren Titel sind am Ende des Buches nachgewiesen.

Regula Benedicti. Die Benedictus-Regel, lateinisch-deutsch. Herausgegeben im Auftrag der Salzburger Äbtekonferenz. Beuron : Kunstverlag 1992.
  Zuverlässige Ausgabe dieser fundamentalen Quelle.
Binding, Günther / Untermann, Matthias: Kleine Kunstgeschichte der mittelalterlichen Ordensbaukunst in Deutschland. Darmstadt : Wiss. Buchges. 2001.
  Umfassende Sammlung von Grundrissen mit erläuternden Texten zu den bedeutendsten Orden.
Buchinger, Marie-Luise / Cante, Marcus: Landkreis Teltow-Fläming: Stadt Jüterbog mit Kloster Zinna und Gemeinde Niedergörsdorf. Worms : Wernersche 2000 (= Denkmaltopographie Bundesrepublik Deutschland, Denkmale in Brandenburg, Band 17.1).
  Aktuellste Denkmalerfassung mit Detailbeschreibungen der Bauten und Ausstattungen. Standardwerk.
Dinzelbacher, Peter: Bernhard von Clairvaux. Leben und Werk des berühmten Zisterziensers. Darmstadt : Wiss. Buchges. 1998.
  Die Biographie des großen Zisterziensers.
Dinzelbacher, Peter / Hogg, James Lester: Kulturgeschichte der christlichen Orden in Einzeldarstellungen. Stuttgart : Kröner 1997.
  Handlicher, fundierter Überblick.
Duby, Georges: Die Kunst der Zisterzienser. Stuttgart : Klett-Cotta 1993.
  Sprachgewaltiger Band, der neben der Kunst auch die Ideale des Ordens vermittelt.
Feuerstake, H. Jürgen/Schmidt, Oliver H.: Zisterzienserklöster in Brandenburg. Ein kulturhistorisch-touristischer Führer. Berlin : Lukas 1998.
Hoppe, Willy: Kloster Zinna. Ein Beitrag zur Geschichte des ostdeutschen Koloniallandes und des Cistercienserordens. München/Leipzig : Duncker und Humblot 1914.
  Einzige Gesamtdarstellung der Zinnaer Klostergeschichte, mit Quellenanhang. Immer noch grundlegend, obwohl in Teildeutungen inzwischen überholt.
Higounet, Charles: Die deutsche Ostsiedlung im Mittelalter. Berlin : Siedler 1986.
  Die bei weitem beste Darstellung der mittelalterlichen Siedlungsbewegung mit Kapiteln zur Rolle der Zisterzienser.
Jung, Wilhelm: Die Klosterkirche zu Zinna im Mittelalter. Straßburg : Heitz 1904.
  Bislang einzige Monographie zur Kunstgeschichte der Klosterkirche.
Kinder, Terryl N.: Die Welt der Zisterzienser. Würzburg : Echter 1997.
  Herausragender Band, der den Zugang zu den zisterziensischen Idealen über die Analyse ihrer Bauten schafft.
Leroux-Dhuys, Jean François: Die Zisterzienser. Geschichte und Architektur. Köln : Könemann 1998.
  Ein opulenter Bildband mit ausgezeichneten Einführungskapiteln.
Pfister, Peter: Klosterführer aller Zisterzienserklöster im deutschsprachigen Raum. Straßburg : Editions du Signe 1997.
  Umfassende Darstellung mit Adresse der jeweiligen Ansprechpartner vor Ort.
Schneider, Ambrosius (Hg.): Die Cistercienser. Geschichte, Geist, Kunst. Köln : Wienand 1986.
  Umfassender Band zu allen Aspekten zisterziensischen Lebens.
Die Zisterzienser. Ordensleben zwischen Ideal und Wirklichkeit. Katalog zur Ausstellung Aachen 1980. Köln : Rheinland-Verlag 1980.
  Fundamentale Aufsätze und ein prächtiger Objektfundus.

Studien zur Geschichte, Kunst und Kultur der Zisterzienser

Oliver H. Schmidt / Dirk Schumann (Hg.)
Bd. 1: Zisterzienser in Brandenburg
1996, vergriffen, 3. Aufl. evtl. 2001
Br., 174 S., 52 s/w Abb.
ISBN 3–931836–01–0 DM 29,80 (ab 2002: € 16,90)

Dieter Pötschke (Hg.)
Bd. 2: Geschichte und Recht der Zisterzienser
1997, 2. Aufl. 2000
Br., 228 S., 53 s/w Abb.
ISBN 3–931836–05–3 DM 29,80 (ab 2002: € 16,90)

Winfried Schich (Hg.)
Bd. 3: Zisterziensische Wirtschaft und Kulturlandschaft
1998, Br., 160 S., 16 s/w Abb.
ISBN 3–931836–12–6 DM 29,80 (ab 2002: € 16,90)

Dirk Schumann (Hg.)
Bd. 4: Architektur im Kontext weltlicher Macht
III/2001, Br., ca. 500 S., ca. 300 s/w Abb.
ISBN 3–931836–14–2 DM 68,– (ab 2002: € 36,–)

Oliver H. Schmidt / Heike Frenzel / Dieter Pötschke (Hg.)
Bd. 5: Spiritualität und Herrschaft
1998, Br., 350 S., 23 Farb- und 55 s/w Abb.
ISBN 3–931836–09–6 DM 36,80 (ab 2002: € 19,80)

Jens Rüffer
Bd. 6: Orbis Cisterciensis
Zur Geschichte der monastischen ästhetischen Kultur im 12. Jahrhundert
1999, Br., 507 S., 110 s/w Abb.
ISBN 3–931836–21–5 DM 68,– (ab 2002: € 36,–)

Dieter Pötschke / Christof Römer / Oliver H. Schmidt (Hg.)
Bd. 7: Benediktiner, Zisterzienser
1999, Br., 315 S., 70 s/w Abb.
ISBN 3–931836–29–0 DM 36,80 (ab 2002: € 19,80)

Dirk Schumann (Hg.)
Bd. 8: Sachkultur und religiöse Praxis
ca. III/2001, Br., ca. 240 S., zahlr. s/w Abb.
ISBN 3–931836–33–9 ca. DM 48,– (ab 2002: ca. € 25,–)

Sven Wichert
Bd. 9: Das Zisterzienserkloster Doberan im Mittelalter
2000, Br., 287 S., 39 s/w Abb.
ISBN 3–931836–34–7 DM 48,– (ab 2002: € 25,–)

Harald Schwillus / Andreas Hölscher (Hg.)
Bd. 10: Weltverachtung und Dynamik
2000, Br., 198 S.
ISBN 3–931836–41–X DM 36,80 (ab 2002: € 19,80)

Gereon Christoph Maria Becking
Bd. 11: Zisterzienserklöster in Europa
Kartensammlung
2000, 113 S., 54 Karten
ISBN 3–931836–44–4 DM 34,80 (ab 2002: € 18,–)

Stephan Warnatsch
Bd. 12.1: Geschichte des Klosters Lehnin 1180–1542
2000, 610 S.
ISBN 3–931836–45–2 DM 68,– (ab 2002: € 36,–)

Stephan Warnatsch
Bd. 12.2: Geschichte des Klosters Lehnin 1180–1542. Regestenverzeichnis
2000, 267 S.
ISBN 3–931836–46–0 DM 48,– (ab 2002: € 25,–)

Gerd Ahlers
Bd. 13: Weibliches Zisterziensertum im Mittelalter und seine Klöster in Niedersachsen
ca. III/2001, ca. 300 S.
ISBN 3–931836–47–9 ca. DM 48,– (ab 2002: ca. € 25,–)

Winfried Töpler
Bd. 14: Das Kloster Neuzelle und sein Verhältnis zu den weltlichen und geistlichen Mächten (1268–1817)
ca. III/2001, ca. 500 S., ca. 20 s/w Abb. u. 3 Karten
ISBN 3–931836–53–3 ca. DM 68,– (ab 2002: ca. € 36,–)

Lukas Verlag
für Kunst- und Geistesgeschichte
Kollwitzstr. 57
D-10405 Berlin
Tel. +49 (30) 44 04 92 20
Fax +49 (30) 44 28 17 77
E-Mail lukas.verlag@t-online.de
Internet http://www.lukasverlag.com